Thomas Kühn

Zerreißproben

Philosophische Tagebücher 1994 - 97

www.tredition.de

© 2015 Thomas Kühn

Verlag: tredition GmbH, Hamburg

ISBN
Paperback: 978-3-7323-2662-4
Hardcover: 978-3-7323-2663-1
e-Book: 978-3-7323-2664-8

Printed in Germany

Das Werk, einschließlich seiner Teile, ist urheberrechtlich geschützt. Jede Verwertung ist ohne Zustimmung des Verlages und des Autors unzulässig. Dies gilt insbesondere für die elektronische oder sonstige Vervielfältigung, Übersetzung, Verbreitung und öffentliche Zugänglichmachung.

Berlin-Lichtenrade, Nacht vom 28./29.4.'94

Erst gehören alle Gedanken der Liebe, später dann gehört alle Liebe den Gedanken. Bonmot von Einstein, gefunden bei Deschner.

Wessen frühe Liebe gestört wird, bei dem gehören von Beginn an alle Gedanken den Gedanken - auf der Suche nach der verlorenen Liebe. Wie ein Goldschürfer im Geröll nach seiner Glücksader schürft, hofft er, in den Gedanken selbst die Liebe zu entdecken.

A.

Fatal an der Wirklichkeit ist, dass sie *irgendjemandem* erscheint. Doch wann weiß einer, ob das, was ihm erscheint, auch wirklich ist?

Die Unterscheidung zwischen Sein und Schein steht am Anfang der philosophischen Irritation - von Aristoteles und allen, die es ihm nachbeten, euphemistisch *Staunen* genannt.

Zu dumm, ich habe Angst, mit A. allein zu sein. Eine absurde Angst, bin ich dann doch nicht allein. Mit jemandem allein sein – es sind immer mehr Leute anwesend als im Raum tatsächlich vorhanden. Jedenfalls macht mir dies Mit-Sein sehr zu schaffen, schon am letzten Wochenende, vor fast einer Woche, war ein Vorwand nötig, eine Ablenkung, um ihre Gegenwart *ertragen* zu können.

Wenn ich mit mir allein bin, sind merkwürdigerweise noch mehr Menschen präsent. Wenn ich mich sehr konzentriere, erscheinen aber – bis auf eine Ausnahme - nur willkommene Gäste.

Diese Ausnahme ist – mein alter Ego.

Und jetzt will mir einfach kein Einwand einfallen. Ich kann mich nicht überreden, andere Gründe für ein Wiedersehen geltend zu machen als – sie wiedersehen zu wollen.

Ich schleiche im Umkreis einiger Kilometer, vom Leopoldplatz bis zu den Rehbergen, um sie herum, so komme ich mit den Hunden wenigstens mal raus. Aber ihr näher?

Raskalnikov war mutiger – aber der hatte ja nur einen Mord vor. Es scheint mir manchmal einfacher zu sein, jemanden zu ermorden, als ihm meine Liebe zu gestehen. Manchmal läuft das aber auch auf dasselbe hinaus.

Da A. meine Liebe erwidert – wie komme ich eigentlich darauf? – ist ein Vorwand eigentlich überflüssig.

Ist Liebe Erwiderung? Antwort? Worauf? Manchmal glaube ich, ich reagiere nur auf ein zufälliges Phänomen, wenn ich liebe oder Abneigung empfinde. Dann verknüpft sich diese zufällige Erscheinung – was auch immer es sei – mit ungeklärten Notwendigkeiten, die in mir ihren Ursprung haben.

Will ich denn? Wollen – sie? Meine Hände, mein Mund, meine Ohren, meine Augen? A. so unentrinnbar küssen, sie umarmen, streicheln, liebkosen, ihre Seufzer hören, ihre Verklärung sehen?

Ist das sexuelle Programm nicht mehr zu stoppen, nach den geeigneten AAM's?

Welche andere Ursache sollten Verlegenheit, Stottern, Denkblockaden, Schamröte, Zittern, Schweißausbrüche sonst haben?

Und meine Asphaltwanderungen – werden meine schmerzenden Füße sie je vergessen?

Sakrale Natur?

In der Frau, die ich liebe, liebe ich die – Natur.

Darf ich „die Natur" nicht *nur* erleben, ihre Schönheit, ihre Kraft, ihren Spieltrieb, ihr Versteckspiel mit sich selbst?

Sind *Naturerlebnisse* nur ästhetische Fiktionen, ferne Mythen und Märchen von Großstadtflüchtlingen, Zivilisationsmüden?

Was für eine Sehnsucht nach der sakralen Natur in Zeiten ihrer Zerstörung, was für eine paradoxe Abwendung und Abwehr der menschlichen Schöpferkraft, die die Erde umpflügt und zerstört, da, wo Neues entsteht, nie Dagewesenes?

Zwischen meiner kindlichen Naivität und Freude über den Frühling, über die Liebe, die pünktlich in mir erwacht, und meinem tieftraurigen Versuch, meine menschliche Existenz inmitten frisch duftendem, bunt blühendem Vogelgesang und angesichts einer ebenso blühenden Frau – A. - zu verorten, klafft ein Abgrund, den kein Begreifen überbrückt.

Bin ich nur ein orientierungsloser Städter, der seine Hunde in den von anderen angelegten und gepflegten Park treibt, auf der Flucht vor sich selbst, vor dem Schicksal, das er mit allen Menschen teilt – in dieser Millionenstadt?

Jeder Mensch braucht ein Stück Natur, das er selbst bebaut. Jeder Mensch braucht Kultur. Auch dafür ist die Liebe da, das Du, das ich …bebauen möchte.

Aufs Land, aufs Land (und du, du willst nur A. genießen!) – so rebelliert es in den Köpfen, die zum

Aufbruch zu müde sind und lieber vor dem Fernseher träumen, es ist ja so bequem, technische Wunschmaschinen, die dir nur im Traum jeden Wunsch erfüllen.

Waschmaschinen der Seele, kathartische Apparate, die dich in dem Leben halten, das du nicht willst.

Habe U. Becks „Gegengifte" zum Teil gelesen, er ist wirklich sehr dogmatisch – er denkt wie Adorno, dass kein wahres Leben möglich sei im falschen – er denkt ohne Ausweg, weil er jeden Schritt in Wissenschaft und Technik als schleichende Anpassung - woran eigentlich? an Systemzwänge? – ansieht.

Diese Stimmung ist bei denen stark verbreitet, die auf der Linie Marx-Bloch denken, ohne zu sehen, dass der Technikfetischist Bloch anders optiert hätte, vermutlich wie Jens Reich - die Natur selektiert und experimentiert ja schließlich auch!

Die vermeintlichen Dialektiker flüchten in eine sakrale Natur: dass J. Reich schon im „Glasnost" genau diese Illusion beiseiteschob, den Natur-Mystizismus, der der Ökologie als Wissenschaft nur schadet, hatte nicht nur den Zweck, ein Missverständnis zu beseitigen, sondern den Keim einer neuen Religion „auszurotten" – die das „öffentliche Bewusstsein" blendet und einen rationalen Diskurs erschwert.

Reich verlangt etwas, das längst hätte geschehen sollen: eine Disziplinierung des Denkens und eine Konzentration auf das, was in einer demokratischen, aufgeklärten Gesellschaft Konsens sein könnte.

Er bohrt ein tiefes Problem an: Naturwissenschaft und Technik bestimmen unser Leben, jedoch nicht unser Denken. Wir pflegen Technik-Mythen – Prometheus! -, statt nüchtern zu prüfen, was wir wissen und was wir wollen.

Triumphgeheul oder Zähneklappern machen weder die Entdeckung des Atoms noch des Gens wieder rückgängig. Auf die Atomspaltung folgt die Genspaltung, folgt die Selbst-Spaltung, bald auch die Sternspaltung – mit welcher Art von Notwendigkeit?

Es hieße, auf ein infantiles Stadium zu regredieren, unser Wissen und Können zu dämonisieren oder zu bagatellisieren, wollten wir aus der Welt fliehen, die wir uns selbst geschaffen haben, an der wir seit Tausenden von Jahren unbewusst, aber zielstrebig bauen.

J. Reich hat eine Utopie, eine Revolution der Vernunft und der Moral im Sinn. Sein Argument lautet nicht, dass in der Natur sich alles stetig wandle und wir *daher* das Recht hätten, diesen Prozess der „natürlichen" Genmanipulation zu beschleunigen. Er begeht weder den naturalistischen Fehlschluss noch stützt er sich auf die vermeintliche „Unhintergehbarkeit" der Natur. Er sagt nicht, Gentechnik *solle* sein, weil sie die Technik der Natur sei, noch sagt er, sie sei nur die logische Folge der modernen Medizin, Biologie und Ernährungstechnologie. Das wäre ja alles auch unhaltbar. Die Erkenntnis des Naturwissenschaftlers lautet: Es gibt keinen Determinismus in der Natur, folglich auch keinen in der Kultur. Es gibt also keine zwingenden Gründe, Gentechnik zu treiben oder zu meiden. Folglich ist es ein moralisches Problem.

Moral und Ethik setzen voraus, dass es keine *zwingenden* Gründe gibt. Rational sein heißt nicht, ein letztes Apriori auszubuddeln, um dann nichts mehr entscheiden und verantworten zu müssen.

Wir können uns nur auf uns selbst verlassen und dabei auch verunglücken. Wir müssen unser Glück verantworten. Und unser Unglück.

Wir können nur auf uns selbst bauen, ohne einen Gott, der uns lenkt, eine Natur, der wir folgen, ohne einen „universellen Verblendungszusammenhang", in dem wir notwendig blind herumtappen.

Wir haben keine *letzten* Gewissheiten. Nicht einmal apokalyptische. Blind sind wir aber auch nicht, denn wir haben *vorletzte* Gewissheiten. Das ist wohl die Stimme der Vernunft…Es ist der Ruf nach einer „offenen Gesellschaft".

Besonders fatal ist der glatte – politische, technische - Optimismus, der euphorisch (weil scheinbar zwangsläufig!) zur Tat schreitet, der die selbstgestellten Fallen nicht erkennt, in die dann aber meist die anderen fallen.

Sakrale Natur. Was ist Liebe anderes als eben der Glaube an dies Stück sakrale Natur, das du begehrst, willst, das dir Sinn und Verstand raubt? Daher wohl auch die Angst: dass Wissenschaft und Technik die Liebe zerstören, diesen Wahn, unter dem ja alle leiden, von dem aber auch keiner lassen will.

Wir sind wie besoffene Bauern, die sich in dem Acker ihres Lebens - in dem Stück Natur, das ihr Leben ist - glückselig und schmerzverzerrt sielen, anstatt ihn zu bearbeiten.

Die Technik folgt dem gleichen Impuls wie die Liebe: Wir wollen die Natur – die belebte und die unbelebte, die menschliche und die nicht-menschliche Natur - bearbeiten, kultivieren, verändern!

Berlin-Lichtenrade Nacht vom 29./30.4.

Von A. geht ein Zwang aus: ich muss an sie denken – ist „denken" aber der richtige Ausdruck? Es ist eine Paraphrase ihrer abwesenden Anwesenheit.

Geht von der Kern- und Gentechnik ein Zwang aus? Vielleicht zur Rationalität – oder zur Vernunft, wenn wir überleben wollen?

Welche Art von Vernunft kann das sein?

Wissen ist keiner Elite mehr vorbehalten, sondern demokratisch geworden. Was ist Wissen? Was wissen wir über die Vernunft?

Weizsäcker sieht in der Institution des Krieges einen Einwand gegen die friedliche Nutzung der Kernkraft. Vor dem Hintergrund einer chaotischen Weltgemeinschaft pervertiert jede glücksverheißende Innovation zu einem Fauxpas gegen Vernunft und Humanität.

Die Dialektik liegt nicht in der Aufklärung, nicht im Fortschritt, sondern in der moralischen Perversion beider. Wieso? Weil man den Glauben an die Notwendigkeit predigt!

Andererseits können die Probleme der Weltgesellschaft ohne technischen Fortschritt nicht gelöst werden.

Sind Kerntechnik und Genetik also doch unvermeidlich, auch wenn sie – auf der Linie wissenschaftlicher Rationalität – zu irrationalen Konsequenzen führen? Zu einem Paroxysmus der globalen Ökosysteme?

Diese Perspektive führt zum anthropologischen Pessimismus, zu genau dem Fatalismus, vor dem Reich warnt. Aber stecken wir nicht in einem Dilemma?

Ist die Technikentwicklung Motor der Menschwerdung?

Marx hat die Dynamik des Kapitalismus unterschätzt. Sie ist das Vehikel der Emanzipation des Menschen von der Herrschaft der Natur und des Menschen über den Menschen. Doch die utopische Freiheit, die am Ende der Dialektik lockt – wann soll die erreicht werden, ist sie überhaupt „für alle" erreichbar? Weiß man, ob die Dynamik nicht aus dem Ruder läuft? Wir sehen ja, dass sie alle Dämme gesprengt hat.

Marx war Determinist. Das ist schlecht, wenn man eine Revolution anstößt, die– bis in die Gegenwart – ziemlich chaotisch verläuft.

Wenn Revolutionen *indeterministisch* sind, sollte man besser die Finger davon lassen!

Jede Prognose geht in die Hose!

Es gibt keinen Automatismus der Evolution, auch der *Dialektische Materialismus* konnte nicht verhindern, dass ein historischer Prozess in Agonie gerät – siehe den Kollaps des Sowjet-Imperiums.

Reich schöpft den Genpool seiner Argumente nicht aus. Wird das Genom ebenso öffentlich wie Name, Geburtsdatum und Adresse im Ausweis, ist es um die Integrität und Intransparenz des Individuums geschehen.

Bislang gilt die Privatheit des Individuums – seine Opakheit - als Pfeiler des Rechts und damit als Grenze für staatliche oder kollektive Gewalt.

Das Wissen um das menschliche Genom zerstört die Illusion, dass die Natur des Menschen ein Geheimnis sei, das wir schützen können vor den Zugriffen des blanken Zynismus.

Die Angst vor dem Missbrauch der Genetik speist sich weniger aus Orwell'schen oder Huxley'schen

Dystopien, sondern antizipiert den Verlust eines falschen Menschenbildes. Auch Atheisten pflegen den Glauben an das Mysterium „Mensch", an die metaphysische Unzugänglichkeit seiner, aller *reinen* Natur. Selbst wenn die Gentechnik nie die Folgen haben sollte, die unsere Angst sich ausmalt, selbst dann jagt sie uns kalte Schauer über die Hirnrinde. Wir sind entlarvt. Wir können nicht einmal mehr davon träumen, mehr zu sein als Biochemie.

Was sind meine *Gedanken* an A.? Wie wird biochemisch der Effekt ihrer mentalen Präsens bei gleichzeitiger physischer Abwesenheit erzeugt? Wie ist – neurobiologisch – mein Begehren mit ihrer Wahrnehmung verknüpft?

Der nationalsozialistische Rassen- und Züchtungswahn ist die Matrix unsere Ängste. Doch der politische Zynismus wurzelt in einer überholten, unwissenschaftlichen Anthropologie. Die Nazis – *„NS ist nur angewandte Biologie"* (Hess)– gingen wie Marx von einem Determinismus aus, der Natur und Kultur „gleichschaltet". Waren Marx' Absichten auch edel-humanistisch, die der Nazis bestimmt nicht, unterm Strich sollten wir in puncto Technikentwicklung die Mahnung des Wissenschaftlers Reich ernstnehmen: Es gibt keinen Determinismus, es gibt auch keinen zwingenden Schluss vom Sein aufs Sollen. Hume ist tot, es lebe Hume!

Wir – der Gesetzgeber – müssen nur überlegen, wozu das Wissen nutzen soll, welche „Risiken und Nebenwirkungen", welche Chancen es „birgt".

„Das Ende der Natürlichkeit" verkündet das traurige Märchen: *Es war einmal eine schöne, heilige, wahre, unberührte und gute Natur. Aber dann kam der Mensch, der homo faber, und der machte alles kaputt...*

Will ich nicht auch über A. so urteilen? *Es war einmal eine schöne, heilige, wahre, unberührte und gute A....?*

Von Platon bis Spinoza sind sich alle Philosophen einig: Man könne nur das *Gute* lieben. Aber genau hier ist die Unterscheidung zwischen Sein und Schein berechtigt.

Wir sind Wissende geworden, der Schmerz der Erkenntnis verklärt den Zustand der Unwissenheit.

Warum tut Wissen weh? Was *ist* Wissen? Ist es die Entlarvung des *geliebten* Scheins?

Die Entwicklung des Menschen bestand aus Wissenskatastrophen. Ist es beim Einzelnen anders? Unser Leben wird vom Wissen beherrscht, mehr noch natürlich vom Nichtwissen. Unsere Ängste und Hoffnungen drehen sich um das, was wir wissen oder – nicht.

Wissen ist Wirklichkeit. Jedenfalls ist es wirksam. Genau wie Unwissenheit. Unser Handeln hängt vollständig davon ab, was wir wissen oder zu wissen glauben.

Ist Wirklichkeit auch eine Art von Wissen („Information")?

Kybernetik als neue Religion? – Einheit von Denken und Sein im Informationsbegriff.

Die Idee, Erkenntnis und Sein seien identisch, ist der Kern vieler metaphysischer Systeme, auch das Hegels: Natur und Geschichte als Entwicklung des absoluten Geistes zu sich selbst, als Entwicklungsroman des Geistes.

Wer schreibt ihn? Natürlich der Geist selbst – Hegel.

Hat der Roman ein Happy End? Ist die Menschheitsgeschichte eine „Heilsgeschichte"? So will es das Christentum, immer noch, nach zweitausend Jahren (partieller) *Unheilsgeschichte*! Also doch wohl eher ein *Steven King*?

Meine Idee, dass nicht die Angst vor Missbrauch, sondern vor der Demontage des Menschenbildes, hinter der Technik-Abwehr stünde, ist natürlich Kritik ausgesetzt. Spiele ich damit nicht die reale Gefahr herunter? Sieht man nicht am Beispiel Kern-Spaltung, dass wir neue Techniken missbrauchen, dass wir grundsätzlich alle Techniken missbrauchen können? Und ist da die Größe und Reichweite der möglichen Gefahren nicht umso bedrohlicher, je tiefgreifender eine neue Technik unser Leben bestimmt und verändert?

Mit welchem Recht urteile ich über Gott und die Welt? Mit dem Recht des freien Menschen, sich Rechenschaft abzulegen, sich zu prüfen und dabei auch einen Seitenblick auf das Schicksal der Menschheit zu werfen. Als Mensch bin ich Teil der Menschheit, es wäre lächerlich, nur für mich selbst zu denken, naiv und dumm, den Vorhang zuzuziehen, mich in meiner „Wohnung", meinem kleinen Privat(un)glück einzusperren.

Ich denke nicht für mich allein – bin ich je allein? -, so wenig wie ich für mich allein leben oder reden kann, sondern ich bin Einer von Milliarden im Geschichtsprozess. Keine Galaxie, kein Stern, kein Planet, kein Trabant, kein Komet kann sich der Expansion des Universums entziehen und auch nicht seinem Kollaps in endlicher Zeit.

Stell dir einen Planeten vor, der da nicht mitmachen will – lächerlich!

Also doch – Unvermeidliches? Determinismus? Notwendigkeit?

Es ist doch komisch, dass man immer auf Descartes' Unterscheidung zwischen *res extensa* und *res cogitans* zurückkommt, um die Genese der modernen Wissenschaft und ihrer sozial-politischen und erkenntnistheoretischen Probleme zu erklären.

Für Descartes war das „Ich denke" die Quelle seiner Gewissheit der göttlichen, beseelten Welt. Die Entdeckung des autonomen Subjekts war die Inspirationsquelle Kants und aller modernen Philosophie und Anthropologie, die ein Begreifen der Einheit der beiden „Substanzen" Körper und Geist allererst ermöglichte.

Der Synthese muss die Analyse vorausgehen, der Einheit die Erkenntnis ihrer Teile – so läuft's. Aber wohin?

J. Reich akzeptiert den systemtheoretischen Ansatz nicht und lehnt die Idee einer strikten Hierarchie der Systemstufen ab (Zellen, Zellverbände, Organismen, Ökosysteme etc.) – interessant bei einem Biologen!

Das erfrischend Befreiende bei Jens Reich ist, dass er die immanente Gesetzmäßigkeit in den Organisationsprozessen der Natur – und eo ipso in der Kultur – ablehnt, den verschleierten Hegelianismus.

Er hat begriffen, welches Unheil davon ausgehen kann, Natur- und Kulturgeschichte Notwendigkeit zu unterstellen. Sie wird zum inhumanen Zwang, zum Terror, zur Diktatur einer intellektuellen Avantgarde, die – wie der Rattenfänger zu Hameln – die Menschheit in den vermeidbaren Untergang treibt.

Reichs Erfahrungen in der DDR sind für sein Naturverständnis wichtig – so kurios sich das anhört!

Die „geschlossene Natur" in einer Diktatur – das „offene Universum" in den liberalen Demokratien. Determinismus in der Sowjetunion, Selbstorganisation im Westen – zwei Naturen? Nein, zwei Konzeptionen, zwei Weltsichten.

Wir erkennen die Natur nicht, wie sie an sich ist, sondern wie sie *uns* erscheint.

Sehe ich A., wie sie an und für sich ist, oder nur, wie sie für mich ist, wie sie mir erscheint? Zu sagen, dass Sein und Schein identisch wären, würde den Dingen und Personen ihr Eigenleben rauben.

Wer die Welt mit ihrer je *seinigen* Erscheinung identifiziert, leistet dem Terror Vorschub, dem Zwangsregime, dessen Kern immer die Leugnung der Autonomie des Subjekts, seiner Freiheit, gewesen ist.

Wir werfen unsere Begriffsnetze über die Natur und sortieren den Fang nach seinem Gebrauchswert für uns. Machen wir es mit den Menschen anders, mit uns selbst?

Dennoch gibt es eine Idee der objektiven Natur, der Welt, des Seins – jenseits aller Erscheinung, aller Projektion, aller Erkenntnis.

A. führt ein *Eigenleben*, von dem ich keine Ahnung habe. Hat *sie* eine Ahnung davon? Ist das etwa eine Fiktion? Eine regulative Idee? Ein unlösbares Paradox?

Wenn es die Welt nicht gibt, dann gibt es auch das Ich nicht.

Existiert eine Welt für sich? An sich? Existiere ich für mich? An …mich? Existiere ich als Reflexiv ohne Reflexion, ohne Spaltung, Trennung, Abwesenheit?

Woher kommt diese Idee? Ist sie so antiquiert wie die Gottesidee? Die Welt, sie existiert nicht oder sie existiert nur in – uns, in unseren Köpfen? Absurd!

Oder doch nicht? Analog: das Ich, das sich seine Existenz nur vorstellt.

Reichs Betonung der A-Moralität der Natur, sein Insistieren auf die freie Verantwortlichkeit des Menschen, seine Einsicht in die Abhängigkeit des Sollens vom Wollen, nicht vom Sein – das alles wirkt schockierend in einer Zeit der Desorientierung, in der man nachgerade bei den ...Naturwissenschaftlern Auskunft verlangt darüber, wie der Laden weiter geführt werden soll!

Reich gibt die einzig mögliche Antwort: Es kann – logisch (Münchhausen-Trilemma) – keine Letztbegründung geben, weder der Natur noch der Kultur noch der Moral. Warum? Weil wir nicht gezwungen werden, weil keine metaphysische Notwendigkeit unser Denken, Fühlen und Handeln determiniert. Weil wir immer auch anders können. Selbst in Zwangslagen, die uns scheinbar keine Wahl lassen, können wir das Absurde wollen, können wir Alternativen zum Hier und Jetzt *denken*.

Die Bürger der DDR haben sich eine Alternative zum *real existierenden Sozialismus* gedacht und – aller Staatsgewalt zum Trotz – das scheinbar Absurde gewollt (aus Sicht der Staatssicherheit völlig irrational!): der real existierende Sozialismus, er möge aufhören zu existieren! Und? Er hat aufgehört zu existieren!

Die Evolutionstheorie taugt nicht als Bastion des Humanen. Keine evolutionäre Ethik! Keine Erklärung der Freiheit *aus* Notwendigkeit!

U. Becks möglicher Irrtum ist die Unterstellung einer homogenen technisierten Welt, die in eine Richtung marschiert, deren Entelechie Tod und Teufel heißt.

Jens Reichs Vorschlag zur Prüfung: Wäre die technisierte Welt homogen und wäre sie aufs Verderben programmiert, dann wäre individueller Protest aussichtslos, der Professor würde umsonst bezahlt, sein Veto wäre nur ein Sturm im Reagenzglas der Gentechniker.

Hält Beck am dialektischen Axiom seiner Kritik fest, dann ist es selbstwidersprüchlich, der Technik nur ihre Risiken anzurechnen.

Marx hätte nicht diese Wirksamkeit erlangt, hätte er im Kapitalismus nur die Kräfte der Zerstörung erkannt. Stattdessen: „Wozu das Böse gut ist" (K. Lorenz)

Reich beweist gegen Heidegger, dass Naturwissenschaftler denken.

Da die Technikkritik heute eher von Heidegger als von Marx inspiriert ist – was schade ist, denn hinter Heideggers „Gestell" „west" nicht das „Sein", sondern „nichtet das Nichts" – fehlt ihr die Pointe: Das „Sein" liest sich bei Heidegger nämlich als durchgestrichenes „S̶e̶y̶n̶" („Zur Seinsfrage").

Die Logik war immer schon zugleich Metalogik, die die Dialektik ein- und nicht ausschloss. Folglich steht auch der Dialektiker im Bann der zweiwertigen Aussagen- und Prädikatenlogik.

Tatsächlich kann man gerade an Arthur Schopenhauer – der ein energischer Apologet der Aristotelischen Logik war – und seiner Kritik an Hegel und Schelling sehen, dass sein Hauptargument gegen die Dialektik („Wechselwirkung?" – „Unsinn!") zugleich sein Schwachpunkt war: nämlich die Leugnung eines kausalen reziproken Verhältnisses zwischen „Subjekt" und „Objekt". Die „Welt als Wille und Vorstellung" – vor allem die empirische Welt als Erscheinung, als Vorstellung – hängt ganz entschieden an dem einen Argument, dass erkennendes Subjekt und erkennbare Welt strikt getrennt und unabhängig voneinander gedacht werden. Descartes lässt grüßen.

Schopenhauers Inkonsequenz ist dann freilich, dass wir unser wahres Wesen und *damit* das wahre Wesen der Welt in uns als Willen erkennen könnten. Tatsächlich wäre dieser „Wille" – nach Schopenhauer – ja selbst nichts anderes als – Vorstellung („Erscheinung"). Ein unbekanntes X erscheint sich selbst im Subjekt als Wille. Er hat aber nicht die ihm zugeschriebene apriorische Qualität wie das *cogito*.

Die hat aber tatsächlich auch das Denken nicht. Nietzsche, vor ihm schon Lichtenberg: „Wer oder was *denkt* in mir?"

So ist es erregend zu sehen, wie der Konstruktivismus die logischen Strukturen der dialektischen, reziproken Genese von „Subjekt" und „Objekt" analysiert und transparent macht.

Aber der Konstruktivismus steckt zu sehr in seinen Kantianischen Kinderschuhen, um wirklich laufen zu können!

Bei Maturana sogar Hegelianische Denkschlaufen.

Berlin-Wedding Tag 30.4.1994

Kultur. Die chaotische Menge an spontanen Kreationen ist gewaltig. Es akkumuliert sich ein kolossales Zusammenspiel individueller Leistungen zu einem so dichten Gewebe aus Einflüssen, Wirkungen, Schöpfungen, dass systematische Ordnungsversuche scheitern müssen.

Andererseits ist Ordnung das halbe Leben (Unordnung die andere Hälfte). So treiben kollektive Emotionen und Ideologien Menschen zu Massen zusammen, zu Parteien, Gruppen, Klassen – und diese zerfallen aber immer wieder, spalten sich, diversifizieren sich.

Jede Bewegung bringt ihre Schismatiker selbst hervor.

So simple Metaphern – hierarchische Taxonomie in der Natur und in der Kultur – ordnen lediglich ein paar diffuse Ideen in sonst leeren Köpfen.

Das Anstrengende an Alltagsgesprächen ist die Verschiedenheit der Begriffe, der Voraussetzungen in ganz grundsätzlichen Fragen. Zum Beispiel in Bezug auf die Frage, *worüber* man sich überhaupt unterhalten sollte! Wahrhaftigkeit ist unmöglich, daher die Anstrengung, wenigstens ehrlich zu sein. Wie den Prozess des Denkens kommunikativ im Alltag verankern, ohne für einen Aufschneider, Angeber oder Spinner gehalten zu werden?

Alltagskommunikation hat ihre eignen Regeln.

Jeder Mensch verunsichert mich, ich habe keine Verhaltensregel, da bei mir alles im Fluss ist. Worauf soll ich meine Sicherheit gründen, wenn nicht auf meine Überlegungen – die alles andere als sicher und gewiss sind!

Wie hilfreich wäre eine soziale Fassade, ein Repertoire an Phrasen und Masken – aber ich kann immer nur ich selbst sein.

Sich dumm verhalten, beweist gelegentlich höhere Klugheit. Aber ebenso oft auch eine noch höhere – Dummheit. Der *Idiot* ist der Privatmann, der nur sich selbst lebt.

„…werden tiefe, philosophische Wahrheiten wohl nie auf dem Wege des gemeinschaftlichen Denkens, im Dialog, zu Tage gefördert werden. Wohl aber ist ein solches sehr dienlich zur Vorübung, zum Aufjagen der Probleme, zur Ventilation derselben, und nachher zur Prüfung…"

Schopenhauer und kein Ende…

Man muss zum Philosophieren geboren sein, meint er. War *er* es? Legte er seine „philosophischen Wahrheiten" anderen zur Prüfung vor?

Ich leide unter meiner Resistenz gegen Bekehrungsversuche zum *common sense*. Dieser Wille, nur der eignen Anschauung folgen zu wollen, der eignen

Erfahrung, der eignen Intuition hat etwas Eigensinniges. Kommt der Eigensinn vor oder nach dem Fall?

Ein gemeinsamer Sinn, kein gemeiner, wäre ein Ausweg. Und wie ist es mit dem – eignen?

Schopenhauer war auch entsetzlich halsstarrig und rechthaberisch, eigentlich sehr unsympathisch, und doch...

Der intellektuelle Charme von Abwärtstendenzen.

Dagegen Piaget, Schopenhauer diametral entgegengesetzt:

„Seit meiner Dekonversion von der Philosophie wurde ich immer fester davon überzeugt, dass jeder rein individuellen Produktion ein verdeckter Fehler anhaftet und dass, sollte man je von einem ‚System Piaget' sprechen, dies ein sicheres Zeichen meines Scheiterns wäre."

Kein Name ist so sehr mit der kognitivistischen, konstruktivistischen Entwicklungspsychologie verknüpft wie der Name Piaget. Dies ist kein Zeichen eines Scheiterns, sondern natürlich des persönlichen Erfolges. Die Relativitätstheorie trägt ja auch den Namen ihres Entdeckers – auch sie ist ja kein Zeichen des Scheiterns.

Aber da spricht eben der Strukturalist, der im Subjekt selbst einen Irrtum sieht. Ja, *das* ist möglicherweise Ausdruck eines *persönlichen* Scheiterns.

In der Erkenntnis der objektiven Wahrheit hat das Subjekt keinen Platz – Subjektivität, *Individualität* gilt als Makel, als „Fehler", als..."Scheitern".

Kann es sein, dass mein angebeteter Piaget ein - Inhumanist gewesen ist?

Hinter einer Maske verschwinden...*incognito* agieren: Nietzsche betrachtete seine Arbeit als Demaskierung. Seiner selbst und der ganzen kulturellen Elite seiner Zeit. *Alles Schauspieler*? Eigentlich lächerlich, Schauspieler demaskieren zu wollen. Ihre Kunst ist doch gerade die Verstellung. Aber sie behaupten eben, kein Schauspiel aufzuführen, sondern die Wirklichkeit. Da genügt es zu sagen: Sie spielen doch nur! („Der Kaiser ist ja nackt!")

Und ich? *Schauspieler*? Ich versuche, mich selbst zu spielen. Versuche ich, auf mir selbst zu spielen?

Berlin-Lichtenrade Nacht 6./7.5.1994

Denken ist Experimentieren mit möglichen Wahrnehmungen eines Sachverhaltes. Es ist doch der Mühe wert, zu schauen, ob nicht die Sache, so wie sie mir unter einem bestimmten Blickwinkel erscheint, auch ganz anders erscheinen könnte, wenn ich die Versuchsanordnung ändere. Kann ich aber *meinen* Blickwinkel verlassen? Bin ich nicht in meine Perspektive eingesperrt? Wie könnte ich das in Erfahrung bringen?

Die Trennung von Wahrnehmung und Vorstellung (Phantasie) basiert auf der Idee, dass Denken und Wahrnehmen (Sinne) radikal verschiedene Ursprünge haben.

Bei Hume ist das freilich nicht so, Ideen sind bei ihm blasse Abbilder von Wahrnehmungen. Aber das ist natürlich falsch, denn Ideen sind oft unanschaulich, in ihrer kausalen Wirkung aber manchmal mächtiger als die wahrgenommene Realität. Jedenfalls kann man das Verhältnis auch umkehren: Wahrnehmungen sind blasse Schatten von Ideen (Platon). Wer hat Recht? Keiner!

Die Empiristen sagen: Wahrnehmung sei primär und damit objektiv, Denken sekundär und subjektiv (Ausnahme: Mathematik? Wieso?). Bei Platon umgekehrt, objektiv sei das Denken, Wahrnehmungen seien Derivate. Im Grunde ist das auch bei Kant so (Kategorienlehre) und natürlich bei den Konstruktivisten.

Einziger Unterschied: Die „Ideen" sind nicht ewig, die „Kategorien" nicht apriorisch, sondern alles evolutionär „geworden". Das ist natürlich widersprüchlich! „Evolution" ist schließlich auch nur eine – Idee. Und man kann sie kritisieren (könnte man das nicht, wäre sie nicht wissenschaftlich).

Wenn Wahrnehmen ein kognitiver Vorgang ist, und wenn Kognition senso-motorisch instantiiert ist, dann sind Denken und Wahrnehmen nur die beiden Seiten einer Medaille. Die beiden Aspekte eines H-E-Bildes. Sie sind aber nicht identisch!

Dann hätten auch *Gefühle* einen Erkenntnisgehalt!

Kunst, Literatur, Sprache, Philosophie, Religion, Technik sind Mittel zur Veränderung der -Wahrnehmung. Allerdings ist der Begriff „Wahrnehmung" hier unscharf, da er geistige Sachverhalte und keine sinnlichen meint. Aber der Sinn der Sinne ist eben ein geistiger Sachverhalt. Keine Wahrnehmung ohne Begriff! Sachverhalte sind ja auch Konzepte und keine „Dinge".

Die Suche nach einem Anfang, einem universellen Prinzip, einem Arché, einem Apriori – die Suche nach dem verlorenen Sohn, dem Erstgeborenen, der alles erben soll…

Die Suche nach der Wirklichkeit ist die Suche nach Gewissheit (- meiner Selbstvergewisserung).

Sie beherrscht unser Alltagsdenken und -handeln: Liebt sie mich *wirklich*? Bin ich *wirklich* das Kind meiner Eltern? Sind diese Eier *wirklich* frisch? Bin ich *wirklich* durch die Prüfung gefallen? Bin ich *wirklich* ein schlechter Mensch? Willst du mir *wirklich* helfen? Hat er *wirklich* kein Geld mehr? Oder *erscheint mir* das alles nur so zu sein?

Man will wissen, wie die Sachverhalte *sich selbst* erscheinen.

Wirklich ist, was gewiss ist. Daher halten manche ihre persönlichen Gewissheiten – ihren „Glauben" – für die Wirklichkeit. Es reicht ja, ihn für wirklich zu halten („Er glaubt *wirklich* an Gott!"). Aber nein!

Nun muss Gott auch noch *wirklich* existieren – sogar für die Ungläubigen (für die besonders!).

Nicht alles, was subjektiv gewiss ist, ist auch objektiv wirklich.

Meine Wirklichkeiten – meine Ungewissheiten. Daran zweifle ich freilich nicht.

Psychologisch scheint es unmöglich, ohne Grund zu handeln. Auch irrationales Handeln hat Gründe. Nur eben schlechte.

Man kann sich nicht vorwerfen, geirrt zu haben, nur, nicht nachgedacht zu haben. Aber diejenigen, die nicht nachdenken, werfen sich gewöhnlich *das* nicht vor!

Reduktion ist bei allem Denken ein Risiko. „Wesenserkenntnis" (Husserl) oder „Gesetz der Form" (Simon) gehen den Sachen auf den Grund. Dann aber ihr Erscheinen *als* bloße Erscheinung zu behandeln – das geht zu weit! Was nützt die Erkenntnis, wenn sie nicht dem Verstehen dessen dient, was meine Wirklichkeit ausmacht?

Wie, wenn ich meine Realität in den Versuchen ihrer Erklärung nicht wiedererkenne? Woher weiß ich, *was* erklärt werden soll?

Berlin-Lichtenrade Nacht 7./8.5.1994

Das Verzögern der Erfüllung ist ein doppelter Trick, um die Gestimmtheit genießen zu können. Denn das Ziel könnte ja enttäuschend sein. Also genießt man die Erwartung. Zugleich erhöht man das Risiko, dass es enttäuschend *ist*, das Ziel zu erreichen.

Wenn man das weiß, was genießt man dann eigentlich? Die ungewisse Angst, das Glück zu verlieren

– wohl kaum. Vielleicht die Angstspannung der gesteigerten Erwartung? Die ungewisse Hoffnung, das Glück zu gewinnen? Na, ich weiß nicht. Es ist wie ein Pokerspiel, bei dem man – sich selbst blufft.

Spielen wir um unser Glück oder unser Leben? Unterschied?

Ist das Gefühl der Liebe Mittel oder Zweck der Bindung an ein Du? Woran kann ich erkennen, dass ich A. liebe? An dem „Gefühl"? Was folgt aus dem Gefühl? Was ist das Ziel? Der Zweck? Dass ich hingehe und mich *paare*?!

Paarung, Fortpflanzung – Selbstduplikation. Selbst Anfang sein wollen, Schöpfer spielen.

Unterschied zwischen *Ziel* und *Zweck*: Ein Ziel wird subjektiv bestimmt durch ein Wollen, eine Absicht; ein Zweck objektiv durch einen rationalen Zusammenhang, in dem z.B. eine Handlung (ein Werkzeug, ein Artefakt, ein Organ etc.) steht. Nach dem Zweck kann man mit *Wozu?* fragen, nach dem Ziel mit *Wohin?*

Ich kann also *meine* Ziele verfolgen und dabei ganz anderen Zwecken „dienen". Das hat Kant als „List der Natur" bezeichnet, bei Hegel ein ähnlicher Gedanke. Dieser Gedanke liegt ja auch der modernen Gesellschafts- und Markttheorie zugrunde. Jeder strebt nach seinem Wohl und „dient" damit unwillkürlich dem Gesamtwohl. Aber das geht in keinem Fall auf. Vor allem zerstört diese Idee Kants Konzept der Freiheit, Würde, Autonomie.

Frei ist der Mensch, der auf einen *Zweck* seiner Existenz verzichtet. Sein „Kosmos" ist eine zweckfreie Welt. Dies macht seine *Ziele* aber nicht absurd.

Manche Menschen richten ihr Leben sehr zweckmäßig ein, ohne dass ihr Leben ein Ziel hätte. Umgekehrt streben viele nach irgendwelchen Zielen, ohne dass ihr Leben einen „höheren" Zweck hätte.

Diese beiden Begriffe werden oft verwechselt. So sagt man einem Lebensmüden, er solle sich Ziele im Leben suchen. Er antwortet darauf: „Hat ja eh keinen Zweck…!" Recht hat er. Mit Zielen antwortet man nicht auf Zweck-Fragen. Und die metaphysische Sinn-Frage ist eine nach dem Zweck, d.h. nach der Rationalität aller Ziele bzw. nach dem rationalen Zusammenhang.

Also sagt man ihm ja: Junge, richtig, nichts hat einen Zweck (=Sinn). Eben deshalb *darfst* du dir *deine* Ziele setzen! Wer dann wieder damit anfängt und nach dem Ziel aller Ziele fragt, der darf getrost in die Grube steigen.

Nur wer *alles* verstünde, hätte einen Begriff vom Zweck des Ganzen. Aber woher weiß er, dass seine vorgeblich „philosophische Wahrheit" keine Illusion ist?

Auch Illusionen haben ihren Wert. Auf dem Büchermarkt.

Ist die Liebe der Zweck der Bindung? Oder das Ziel? Oder das Mittel?

Es hilft ja nichts, ich lebe auf, genieße es, wenn auch für mich allein. *Allein?*

Liebe ist Arbeit. Trübselige Einsicht!

Berlin-Wedding Tag 8.5.1994

Im Zusammenhang mit dem Tod seiner Frau stürzte sich ein Mann rücklings von einem Plateau oder einer Steilküste in die Tiefe. Dabei fällt mir die Geschichte ein, mit der ich bei einer anderen A. bekannt wurde.

Ein Ehepaar, zwei Psychiater, mit einer gemeinsamen Leidenschaft – alpines Klettern. Die Frau verunglückt tödlich. Daraufhin zieht, nach einem Jahr der akribischen Vorbereitung, ihr Mann allein ins Gebirge und – verunglückt. War es Selbstmord? Zufall? Gemeinsame Leidenschaft? Liebe?

Ich bleibe im Bett. Ekel vor meinem Körperempfinden, hätte im Nachtdienst nichts essen sollen, alle Spannung, alle Leichtigkeit ist dahin, der Moloch „Magen" spielt Zentrum der Welt.

Etwas konfus versuche ich mich mittels wahllosen Lesens zu erinnern.

Die Intuition anlässlich der Lektüre von Watzlawicks „Kommunikation" – eine Analogie zwischen Bestätigung der eignen Person als Zweck von Kommunikation, der Weltschöpfung durch das Wort Gottes in der Genesis, der Funktion der logischen Bejahung, Bubers Ich und Du, Hölderlins Bildungsbegriff, zwischen *Licht* und *Bewusstsein*…

Aber alles ist *dunkel*, ich gebe es besser auf!

Am verblüffendsten: A. geht mir nicht aus dem Kopf!

Wenn man den religiösen Konnex in der Beziehungslogik betrachtet, erscheint die Verneinung der Existenz Gottes als analog zur Entwertung oder zum Widerruf („disconfirmation") des Komplements in einer komplementären Beziehung.

Indem Nietzsche die Existenz dessen verwarf, von dessen *Ja!* alles abhängt (im Kontext des Christentums gedacht), hat er sich selbst in seiner Existenz verneint. Im Kampf gegen diese Selbstnegation setzt er sein *eigenes* großes *Ja!* Es wurde aber nur ein kleines Jajajajajein! daraus…

Wer sich aus Komplementärbeziehungen löst, indem er das Komplement zerstört, zerstört sich selbst. Man muss also aus der Beziehung raus…

Er war nie allein, weil er ohne seine Komplemente unvollständig gewesen wäre.

Wenn religiöse Bindungen emotionale komplementäre Bindungen an ein imaginäres Objekt sind, dann ist es eine brenzlige Sache, das Komplement zu zerstören (die Fiktion zu entlarven, z.B.). Das kann dann in kollektive Psychosen führen…

Charaktere, die ohne Unterwerfung nicht leben können, unterwerfen andere, wenn *sie* an die Macht kommen.

Der Weg ist *nicht* das Ziel! Das sagen nur Leute ohne Plan.

Meine *A.* ist eine Sannyasin, eine *Schülerin* Bhagwans…Und nun? Es ist zum Heulen, ich verliebe mich immer in die Falschen!

Ich traue keinem Menschen, der *Schüler* ist.

Wir unterhalten uns in größerem Kreis über den Film „Schindlers Liste". Ich gestehe, dass ich ihn nicht gesehen habe (ich geh nicht mehr ins Kino, habe keinen Fernseher, die *fiktionale* Welt soll mir bloß vom Leib bleiben!) und behaupte, dass diejenigen, die ihn sehen *sollten*, ihn ohnehin nicht sehen *wollten*.

Sie argumentierte nun folgendermaßen, was mich verwirrte:

„Wenn alle, die den Film nötig haben, ihn nicht sehen (1), und alle, die den Film gesehen haben, ihn nicht nötig haben (2), dann haben ihn alle, die ihn nicht gesehen haben, nötig.(3)"

Als Syllogismus ist das falsch:
Aus Prämisse a und b folgt nicht die Konklusion c, weil Subjekt und Prädikat vertauscht sind. Man kann ferner nicht von zwei (im Subjekt) positiven Allaussagen auf eine negative Allaussage schließen.

P=alle die den Film gesehen haben
-P=alle, die den Film nicht gesehen haben
q= haben ihn nötig
-q=haben ihn nicht nötig
Q=alle, die den Film nötig haben
-Q=alle, die den Film nicht nötig haben
p= sehen den Film
-p= sehen den Film nicht

$$\begin{array}{cc} Q & -p \\ P & -q \end{array}$$
*Also $-P\ q$

Die 1. Prämisse spielt keine Rolle, bei der zweiten wird die Negation einfach vom Prädikat aufs Subjekt übertragen, wobei die Rollen auch noch vertauscht werden.
Analogie:
(1 Wenn alle Lungenatmer keine Kiemen haben)
2 Wenn alle Kiemenatmer keine Lungen haben
Dann haben alle Nicht-Kiemenatmer Lungen.

Nur unter den Prämissen, dass es nur Lungen- oder Kiemenatmer gibt, die entweder nur Lungen oder Kiemen haben, wäre der Schluss zwingend:
1 Es ist notwendig, dass Lungenatmer keine Kiemen haben.
2 Es ist notwendig, dass Kiemenatmer keine Lungen haben.
3 Es gibt entweder nur Lungen- oder nur Kiemenatmer.
4 Jedes hat entweder Kiemen oder Lungen.

Also ist es notwendig, dass ein Nicht-Kiemenatmer ein Lungenatmer ist und keine Kiemen, also notwendig Lungen hat.
Aber jede einzelne Prämisse ist falsch! Schließlich gibt es Tiere, die beides haben, und es gibt atmende Organismen, die weder Lungen noch Kiemen haben.

Man könnte den Schluss auch noch aussagenlogisch formulieren:

(1) Wenn jemand den Film nötig hat, dann sieht er ihn nicht,
(2) Wenn jemand den Film gesehen hat, dann hat er ihn nicht nötig,
*(3) also gilt, wenn jemand den Film nicht gesehen hat, dann hat er ihn nötig.
A. wendet den Modus Ponens und Modus Tollens falsch an. Sie verneint in (2) das Antezens und damit fälschlich das Konsequens; gleichzeitg bejaht sie in (1) das Konsequens und leitet daraus fälschlich die Bejahung des Antezens ab!

„Alle, die den Film nötig haben, sehen ihn nicht!" (Das hatte ich behauptet.) ≠ „Alle, die den Film nicht sehen, haben ihn nötig." (Das hat sie geschlussfolgert).

Ich habe ihn nicht gesehen und hatte ihn auch nicht nötig, schließlich musste ich nicht davon überzeugt werden, dass es auch Deutsche gab, die Juden vor Auschwitz retteten. Davon, dass wir alles tun müssen, um uns selbst in Zukunft vor solchen Verbrechen zu schützen, muss mich auch niemand überzeugen. Der Beginn des Selbstschutzes (und folglich des Fremdschutzes, denn niemand ist allein...) ist – klares Denken.

Aber ich begriff zunächst nicht, was sie damit vorführen wollte – wollte sie mit ihrem Sophismus beeindrucken? Wen? Ich war völlig irritiert, sprachlos – ein so massiver logischer Fehler, ein offenkundiger Sophismus – war es Absicht, wollte sie mich auf die Schippe nehmen, mich provozieren, oder hatte sie von ihrer Sekte eine Gehirnwäsche erhalten...

Warum ich auf dieser Bagatelle so herumreite? Weil das kein harmloser Denkfehler ist. Angewandt auf die Gretchenfrage, lautet der gleiche Denkfehler:
Wenn jemand an Gott glaubt, dann erkennt er die Wahrheit. Also:
*Wenn jemand nicht an Gott glaubt, dann erkennt er die Wahrheit nicht.

Korrekt wäre es zu sagen, wer die Wahrheit nicht erkennt, glaubt nicht an Gott. Das bedeutet dann aber nicht, dass derjenige, der die Wahrheit erkennt – an Gott glaubt…
Das funktioniert nur nicht umgekehrt:
„Wenn jemand die Wahrheit erkennt, dann glaubt er an Gott!" Also:
*Wenn jemand die Wahrheit nicht erkennt, dann glaubt er nicht an Gott.
Korrekt wäre es zu sagen, dass, wer nicht an Gott glaubt, die Wahrheit nicht erkennt. Das mag sein, daraus folgt aber wiederum *nicht*:
*Wer an Gott glaubt, erkennt die Wahrheit.

Das Gegenteil scheint mir der Fall zu sein!

Im Grunde gehen die Argumente gegen das Christentum auch gegen die Neuen Sekten – es sind immer die gleichen Denkfehler!

Es ist kein Selbstwiderspruch, aus einer skeptischen Position heraus absolute Wahrheitsansprüche anzugreifen, denn die Skepsis behauptet ja nicht ihre Unfehlbarkeit, sondern die Fehlbarkeit aller. Sie prüft eben von Fall zu Fall.

„folies á deux" – Komplementärbeziehungen sind tendenziell ungesund. Wie ist es bei Eltern und Kindern? *Sehr* ungesund!

„Wer vom Reichtum des Lebens spricht, kennt nicht die *reine* Skepsis des Erkennens." (Hermann Broch) – statt „rein" *arm*...

Ich suche nach der *„unbewussten* Algebra" (Lévi-Strauss). Da kann „ich" ja lange suchen...

Liebe A.!
Mit dir ging es mir sehr merkwürdig, vom ersten Augenblick an veränderte der Eindruck, dich zu kennen, meine Wahrnehmung, als erhielte ein unvermitteltes, blindes Herumtappen plötzlich ein Ziel. Mein Dasein einen neuen Zweck. Das Déjà-Vu-Erlebnis gräbt mich um, als müsste ein verschollener Schatz gehoben werden. Dabei glaube ich, dass es Dir ebenso geht. (Ich = Du?) Ich kann mein Gefühl für dich nicht von dem trennen, was ich zu sehen glaube.

Du irritierst mich aber auch, ich gerate durcheinander, wenn ich dich sehe, wenn wir uns unterhalten, so dass ich daran zweifle, dass das, was ich sehe, tatsächlich wahr sein kann.

Ich sehe in Dir das blühende Leben, wenn du ein Meer wärest, würde ich gern in dir baden, wenn du ein Berg wärest, würde ich dich gerne besteigen, wenn du die Sonne wärest, würde ich mich gern von deinen Strahlen verbrennen lassen.

Aber mit einem ertrunkenen, in die Tiefe gestürzten oder verkohlten Leichnam ist nicht mehr viel anzufangen, daher lebe wohl, genieße dein Leben und pflege deinen Verstand!

Dein T.

Berlin-Lichtenrade Nacht 13./14.5.1994

Was wir *über* uns wissen, kann ja nicht den Inhalt unseres Lebens ausmachen –zumal das Wissen fehlerhaft und unvollständig ist. Dennoch leben wir.

Also kann das fehlende Wissen über die Welt nicht bedeuten, dass es die Welt nicht gibt. Wir haben nur Perspektiven und Fragmente von einem größeren Ganzen (die buddhistische Lösung – das Sein als Puzzle?). Kann auch nicht stimmen. Jeder nimmt ja seine Perspektive als Ganzes wahr. Keiner läuft mit einer lückenhaften Wahrnehmung herum. Die Puzzle-Teile würden also nie zusammenpassen, der Streit im Puzzleclub wäre endlos. Zugleich die

Frage: Was, wenn wir nicht nur eine je „unsrige" Perspektive haben? Wenn durch jede Sicht das, was gesehen wird, durchschimmerte?

Sind Welt und Wirklichkeit identisch?

Die Geschlossenheit, die Vollkommenheit – nichts fehlt! – der Natur ist eine fixe Idee.

Die Suche nach Naturgesetzen – nach dem Identischen im Wandeln, dem Ewigen im Vergänglichen? – hilft einem nicht bei der Entdeckung ihres nächsten Schrittes.

Sind die Naturgesetze mit dem Universum entstanden? Wenn ja, können sie selbst evolvieren? Nach welchen Gesetzen? Wenn nicht, über welche Natur „regierten" sie „vor" dem Urknall?

Wenn die Naturgesetze mit dem Urknall entstanden sind, dann können wir den Urknall *niemals* wissenschaftlich erklären. Gott als Hypothese käme wieder ins Spiel. Wenn sie „ewig" sein sollten, dann wird man nicht mehr von einem raumzeitlichen Anfang des Universums sprechen können.

Die Hirnchemie kann nicht zugleich vollständig Inhalt unseres Denkens sein – auch dann nicht, wenn wir über die neuronale Biochemie nachdenken. Die Verhaltensbiologie nicht unseres Verhaltens usw.

Das ist nicht so, weil wir die Wahrheit unserer Existenz verdrängen müssten („Gefühle lassen sich nicht auf Chemie reduzieren!" – „Oh doch!"), sondern weil das fehlbare Wissen selbst nur ein Teil unserer Bewusstseinsinhalte, unseres Handelns ist.

Als „Wissen über X" und als „X, über das gewusst wird" sind wir immer zugleich unsere Irrtümer und unsere Wirklichkeit. Es ist manchmal eine unerträgliche *Zerreißprobe*.

Wir können uns als Biomaschinen beschreiben. Wir können es aber auch bleiben lassen.

„Alle Gefühle sind nur Chemie!" – „Ach ja? Vielleicht ist alle Chemie nur – Gefühl!".

Es gibt keine Notwendigkeit, es gibt kein Apriori!

Die naturalistische Reduktion scheitert daran, dass wir uns als bio-physische Maschinen beschreiben können, ohne diese Beschreibung bio-physisch erklären zu können.

Das Bewusstsein bleibt ein *Rätsel* – weil es wie eine *Brezel* (Lemniskate) in sich selbst zurückläuft.

Und A.? Es ist vorbei, es war ein kurzer Traum, eine Möglichkeit, die nicht Wirklichkeit werden wollte.

Berlin-Wedding Tag 14.5.1994

Ich wachte auf mit dem Gefühl, dass A. mich nicht liebt. Hängt das damit zusammen, dass ich (mich oder sie) nicht liebe? Oder dass die Differenz zwischen meinem Gefühl und meiner Wahrnehmung (sie entspricht offenbar nicht meinen Natur-Mythen…) wieder unüberbrückbar geworden ist für mich?

Bevor ich mich heute Mittag nach dem Nachtdienst und einem ausführlichen Spaziergang mit meinen Huskys hinlegte, aß ich eine Kleinigkeit – Brot, Räucherkäse, Schnittlauch, zwei Tassen Kaffee, alles aus dem Bioladen neben meinem Antiquar! – und wälzte Weizsäckers (Ulrich) „Erdpolitik" hin und her und empfand eine tiefe Resignation.

Das Buch ist ein Appell. Sehe ich mich als Adressat, dann möchte ich schreien.

Die komplexe Verflechtung ökonomischer, ökologischer, juristischer, soziologischer, politischer, ethnischer, klimatischer Probleme bei über fünf Milliarden Menschen in mehreren hundert Staaten – nein, das überfordert mich.

Es gibt einen Grenznutzen der Erkenntnis, ab dem ihr Nutzen exponentiell schrumpft. Je näher wir den komplexen Sachverhalten auf unserem Planeten kommen, desto weniger können wir das Wissen in unser Alltagsdenken und -handeln integrieren.

Verzichten können wir auf Wissen aber auch nicht.

Wir stehen in einem Agon mit der Natur. Nicht nur Wesen, die sich an die Naturverhältnisse anpassen, können zugrunde gehen – wenn die Verhältnisse sich ändern -, sondern auch Wesen, die die Naturverhältnisse an ihre Bedürfnisse anpassen. Sie zerstören dann ihre Lebensbedingungen.

Angewandt auf politische Systeme, die autoritär, statisch und doktrinär sind, bedeutet das für ihre Bewohner in beiden Fällen nichts Gutes: Wer sich anpasst, geht *mit dem* System unter, wer sich nicht anpasst, geht *im* System unter.

Da keine autoritären, statischen und doktrinären politischen Systeme von Dauer sind, ist die Entscheidung klar: Widerstand.

Demokratische, liberale Systeme entsprechen den Lebensbedingungen auf der Erde dagegen weitaus besser, da sie sowohl Assimilation als auch Akkommodation flexibel handhaben. Wenn sie schnell genug auf Umweltveränderungen reagieren können!

Bloß keine *geschlossenen* Systeme (philosophisch, politisch, einerlei) mehr, ich bekomme Platzangst!

Das System ist vorübergehend geschlossen – wegen Renovierungsarbeiten. Wir bitten um Entschuldigung.

Wir Menschen konstituieren uns, indem wir unsere Lebensbedingungen zerstören.

Aber Ursprünglichkeit und Natürlichkeit sind eben nicht sakral, nicht vollkommen (sakral = vollkommen? Ist ein vollkommen runder Kreis sakral?). Wenn wir die Natur durch Kunst (Technik) ersetzen, muss das nicht zu unserem Schaden sein. Im Gegenteil. Wir sind definiert als Wesen, die von Natur aus Kultur haben, die also jedes Stück Natur beackern, umbauen, verändern müssen. Auch uns selbst.

Doch *wer* definiert uns so? Seit wann?

Seit der Entwicklung der wissenschaftlich gestützten Industrie (und Kriegsführung), sind Wohlstand und Missstand gleichermaßen gewachsen. Die Erde ist aus dem Gleichgewicht. Aber sie war nie im Gleichgewicht (geologische, klimatische, politische, kulturelle, biologische, individuelle Katastrophen).

„Gleichgewicht" ist eine typisch metaphysische Basis-Idee, die von der Mathematik (Gleichungssysteme z.B.), über die Chemie (Redoxreaktionen z.B.), die Physik (Energieerhaltungssätze z.B.), bis zur

Ökonomie (Angebot und Nachfrage z.B.), Ökologie (Räuber-Beute-Koevolution) und natürlich bis zur Ethik (austeilende und ausgleichende Gerechtigkeit z.B.) reicht.

Dabei ist es nur eine Metapher, die wir beim Erwerb des aufrechten Gangs entwickelt haben (könnten).

Wer am Boden liegt, ist auch im Gleichgewicht.

Was in der „Erdpolitik" gefordert wird, ist nicht die Restituierung der alten, sondern die Schöpfung einer neuen Natur.

Der einzige Konsens, den ich für erstrebenswert halte: *„Lasst mich nur auf meinem Sattel gelten, bleibt in euren Hütten, euren Zelten!" (Goethe)*.

Mein Wechsel von innerhalb und außerhalb der Wohnung ist wie der Wechsel von „ora" zu „labora". Nur dass ich nicht bete und noch weniger – arbeite.

Berlin-Wedding Tag 14.5.1994

Nach nur zwei Stunden Schlaf erwacht. Mit Hunger und Gedanken an den Krieg in Jugoslawien. Was werden die Toten erlebt haben müssen, was werden die Überlebenden für Erinnerungen haben müssen, wie viele Tausende Mörder werden frei herumlaufen, hier, in Europa. Sie werden die Stafette des Krieges durch ganz Europa tragen. Wir werden es zu spät bemerken.

Habe am Nachmittag noch etwas geschlafen, bin aber durch Träume geweckt worden:

Ein großer Erpel lahmte Richtung Autobahn, rettete sich im letzten Moment vor einem heranrasenden Auto durch Aufflug in ein nahes Gewässer. Ich aber weinte hemmungslos.

Davor befand ich mich auf einer Wiese mit einem Mann, der sich über meine jugendliche Dummheit lustig machte. Auch eine unbekannte Frau war bei uns, ohne Gesicht.

Ich hatte auch einen Traum, in dem ich gemeinsam mit M. verbotene Kellerräume nach einem Geheimversteckt durchstöberte. Mir fiel ein, dass ich mit ihr geschlafen hatte. Ich wollte sie auf einen Irrtum in ihrem Gefühlsleben aufmerksam machen – sie sträubte sich. Nach dem Erwachen schwor ich mir, nie einen Führerschein zu machen!

Mir fielen I. und A. aus Hamburg ein, die ich gemeinsam mit E. wegen G.'s Tod besucht hatte. Schließlich, dass A. sich doch melden müsse...

Aber ich werde wohl allein bleiben, für immer allein, weswegen ich nie Marxist werden kann. *Allein?* Was rede ich da!

Praktizierte Selbstverneinung korreliert mit dem Glauben, abgelehnt zu werden. Wie schwer tragen Menschen an der Erfahrung, für andere nicht wichtig zu sein oder eine negative Rolle zu spielen.

Wenn die Menschen, die deinen Kreis bevölkern, nur Hohn und Spott für *dich* übrighaben.

Ablehnung, Kränkung, Zurückweisung, verletzte Selbstachtung – wie viel Irrtum und Falschinterpretation spielt dabei nicht eine Rolle!

Selbst- und Fremdperspektive sind selten im Einklang.

Ich ziehe Konsequenzen aus dem Urteil des Anderen, noch bevor er es ausspricht.

Watzlawicks „Anleitung zum Unglücklichsein" – „Behalten Sie doch Ihre sch… Anleitung für sich!"

Ich habe Angst, dass A. mich nicht mag und dass ich sie nicht mag, meine Unruhe, weil sie nicht anruft – obwohl sie ja doch selbst sagte, wie sie all das Neue überfordere…

Habe ich einen Sinn für andere Menschen? Habe ich einen Sinn für meinen *Nächsten*?

Wie schön, zu entdecken, dass man sich in einem wichtigen Punkt geirrt hat. Das gibt Hoffnung, dass die Lage vielleicht doch nicht hoffnungslos ist!

Das Erkenntnis-Interesse entspringt der Solidarität. Mit sich selbst?

Wie kann man den Sozialcharakter aller Erkenntnis ohne Reduktion erfassen?

Das Dilemma der Revolution. Man sollte nicht in der Gegenwart zerstören, was man sich für die Zukunft wünscht, weil dann gewiss ist, dass die Zukunft dem Wunsch nicht entspricht.

Systemfehler. Je menschlicher du dich benimmst, umso unmenschlicher kommst du den anderen vor. Und wirst entsprechend behandelt.

Wie in allen totalitären Systemen waren auch in der DDR alle Werte invers: gut = böse, frei = unfrei, richtig = falsch, Krieg = Frieden. Nach dem Ende der DDR denken viele Leute noch immer so, nur umgekehrt. Das freie Leben in der Bundesrepublik kommt ihnen unfrei, falsch und böse vor...

Ziel der Umerziehung war es, den Menschen ein schlechtes Gewissen zu machen, einen bohrenden moralischen Konflikt um die richtigen Begriffe in sie zu pflanzen, der sie zersetzen sollte.

Der Republikflüchtling, der Verbrecher par excellence, musste die Inversion nur wieder rückgängig machen und seine Gefängnisstrafe, all die Schikanen und Demütigungen, als etwas Gutes umdeuten. Hätten sie ihn nicht bestraft, dann wäre etwas nicht in Ordnung – mit ihm. Eine komplementäre Beziehung.

Berlin-Lichtenrade Nacht 15./16.5.1994

Ich ging am Schlachtensee spazieren, wunderbar wechselndes Licht vom wolkenverhangenen Sturmhimmel. Hunger- und Liebes-Krise gut überwunden. Ging vergebens, aber nicht vergeblich zu A., da sie nicht da war, hinterließ ich ein Zeichen.

Die *Antwort* der Philosophie? Philosophieren!

Mit jedem Ich wird eine neue innere Welt geboren, die den Zusammenhang mit der äußeren Welt voraussetzt. Die Entdeckung dieses Zusammenhangs verbindet das Ich mit der Welt und seiner eigenen Geschichte.

Die Erforschung der Welt dient der Entdeckung des Zusammenhanges zwischen dem Ich und der Welt.

Man kann sich nicht erforschen, ohne zugleich die Welt zu entdecken.

Revolutionär im philosophischen Sinn kann nur das Ich sein, kein Kollektiv, da auch die allgemeinste Erkenntnis nur in einem Ich Gestalt annehmen kann.

Daher war die kommunistische Revolution erkenntnisblind, weil sie das Ich zerstören wollte.

1995

April

Frühlingszeit ist Schaffenszeit! Ich bin ein Quartals-Denker...

Die Hausmeisterin hat einen großen, weißen Kakadu, der, sobald die Sonne den Innenhof streift, seine Urwaldlaute an der Frischluft in alle Himmelsrichtungen krächzt, so ein fürchterlich lautes Tier...

Stefan Georges Gedicht über einen „weißen Ara", der hinter Gittern schweigt.

Ich wohne mit meinen zwei Hunden in der Einraumwohnung einer Kollegin, ohne Vertrag. Die Ereignisse überstürzen sich plötzlich. Das ganze Haus soll verkauft werden, alle Mieter erhalten eine Abfindung in Höhe von 2000.- DM!

Also Selbstanzeige beim Vermieter, schnell noch einen Vertrag unterschrieben – war mit meinen Hunden bei ihm und mimte den konfusen, naiven, aber gutmütigen Studenten -, erstaunlicherweise lief alles glatt, ich bekam den Vertrag. Ich bekomme auch das Geld und dann...? Wohnung suchen!

Mit U., die ich vor drei Wochen beim Hundespaziergang kennengelernt hatte, entspannt sich eine merkwürdige Affäre.

Es ist keine Bedingung von Partnerschaft, heftig ineinander verliebt zu sein, häufig genügt schon die Angst vor der Einsamkeit mit sich und dem stereotypen Personal. All die Bekannten, die nur dich besuchen.

In gewisser Weise habe ich für U. Partei ergriffen, will Beistand leisten, ohne zu wissen, warum ich das will.

Ich kenne U. zwar erst seit drei Wochen, vor allem Anfang schon stand ein Beziehungsproblem in Zentrum unserer Beziehung. Bevor wir uns überhaupt kennengelernt hatten, stritten wir uns schon fast so routiniert wie ein altes Paar.

Ich hatte nicht mehr so viel Übung, war also meist unterlegen.

Liebe. Es ist nur ein Spiel, wer es als erster ernstnimmt – verliert.

Es ist wieder Frühling, wieder lerne ich im Blütenrausch eine Frau kennen, und wieder ist es eine völlig andere Geschichte. Von A. wusste ich so gut wie gar nichts, wir waren nie allein, alles war nur – mein Gefühl, kurz und heftig.

Mit U. ist das anders, eigentlich habe ich gar keine Lust, mich zu verlieben, ich bin zurzeit – vielmehr seit dem Winter – dem Alkohol sehr ergeben, trinke am Tag schon mal eine Flasche Sherry. Eigentlich gar nicht meine Art…

Die geschwinde Annäherung, das Überstürzte, das hartnäckige Wollen und Werben U.'s – nach den wenigen Wochen weicht es einer merkwürdigen Unsicherheit, die mit meinem Trinken etwas zu hat.

Eine Krankenschwester, die Medizin studieren will, verliebt sich in einen verunglückten jungen Mann, der mit fünftausend Büchern und zwei Hunden in einer kaum möblierten, heruntergekommenen Hinterhofwohnung ohne Warmwasser, Heizung und ohne Dusche lebt. Dieser junge Mann arbeitet als Nachwächter in einem Behindertenheim, da hatte er sogar nochmal Glück gehabt, denn ohne Schulabschluss und ohne Ausbildung ist es nicht leicht,

Arbeit zu finden. Dieser junge Mann trinkt zu allem Überfluss auch noch „harte Sachen" und ernährt sich sonst nur aus dem Bioladen und dem Antiquariat daneben. Nicht genug damit, er stottert auch noch krude Gedanken vor sich hin, verhaspelt sich in Widersprüche und versucht ziemlich vergeblich, trotzdem noch gute Miene zum schlechten Spiel zu machen. Eine gute Partie? Offenkundig eine schlechte!

Eine erotische Bindung, ohne Anstand und Maß – ohne passenden Rahmen -, erodiert.

Wir wollen am Wochenende nach Zingst/Ostsee fahren und wir witzeln jetzt schon über unsere Zerwürfnisse und Kräche. U. ist durch die Beziehung zu einem polnischen Alkoholiker, der den Namen unseres Stammvaters trägt, immer noch durcheinander oder vielmehr sehr geordnet.

Denn ihre Gefühle mir gegenüber kollidieren offensichtlich mit ihren Erfahrungen, deren Wiederholung sie nicht wünscht. Ihre Ordnung wird bedroht durch ihre Wünsche. Sind es unordentliche?

Ich sehe eine junge Frau, die sehr einsam ist und zugleich sehr genau weiß, was sie will – vor allem will sie ein *besseres* Leben, sie träumt von einem glücklichen *Familien*leben – ihr Erscheinungsbild, die Einrichtung ihrer Wohnung, ihre Pläne, ihr Auto - und sucht sich den passenden Mann zu ihrem Traum.

Weiß sie wirklich, *was* sie will?

Ich bin alles andere als ein Traumprinz, ich könnte gerade einmal Werbung für die *Prinzenrolle* machen, wenn ich mich zu so etwas herabließe.

Lese jetzt Krimis. Thomas Adcocks *Ertränkt alle Hunde*, ein zutiefst pessimistischer politischer Philo-Thriller, der die ungebrochene Macht der Vergangenheit über die Zukunft vorführt. Der irisch-stämmige Amerikaner Neil Hockaday reist nach Irland auf der Suche nach seiner Vergangenheit und wird in den IRA-Terrorismus hineingezogen.

Allen politischen Ideen liegt eine Erfahrung der existentiellen Absurdität zugrunde, die den Rhythmus unsere Geschichte bestimmt und sich eben aus dieser absurden Geschichte speist.

Adcock geht von außen an unsere historischen Verstrickungen heran. Neil Hockaday ist wie eine Mikrosonde, die das Gewebe aus Irrsinn, Wahn und Verzweiflung, aus Familien- und Weltgeschichte durchleuchtet, bis zum verunglückten Ende, das nur den Roman abschließt, aber nicht die *Odyssee im*

Weltraum unsere blutigen, verzweifelten Geschichte.

Gestern West-Side-Story. Sehr unpassende romantische Gefühle.

Die Reise nach Zingst begann sehr bedrückend, weil ich mir nochmals Kaugummis besorgen wollte, U. aber dachte, ich wollte meine Alkoholfahne tarnen. Da gab es gar nichts zu verbergen, hatte ich doch gar keine Lust mehr, zu trinken.

Ich kann U.'s Verhalten nicht mehr deuten, es hat nicht wirklich eine Beziehung zu *mir*. Ich erscheine ihr in *ihrem* falschen Licht.

Ich vergesse alles, was ich ihr mitgeteilt habe.

Habe Angst, ihr noch etwas zu sagen.

Sie hat die Wunde der Vergangenheit wie den Vorhang in meinem Zimmer aufgerissen. Jetzt erst sehe ich die Unordnung, den Staub, den Müll die Anwesenheit des Vergangenen, all das nicht Erledigte.

Dennoch war Zingst eine in gewisser Hinsicht befreiende Erfahrung, in der ersten Nacht wurden wir so komplett eingeregnet, dass unser Zelt fast davonschwamm. Sie war beeindruckt von meiner Gelassenheit, Pragmatik und meinem Humor, sie kennt mich eben nicht.

Schnell hatten wir bei strömendem Regen alle Sachen im Auto verstaut, schliefen bis zum Morgen im Sitzen und suchten uns eine Pension, in der wir noch bis Sonntag blieben. Ein hübsches altes Häuschen mit gemütlicher Küche, alles sehr schlicht, aber mit dem Nötigsten eingerichtet. Alles hatte den Charme der DDR nach – ihrem Ende. Sie war erstaunt über meine Musikkenntnisse, denn ich kenne die Sonaten und Symphonien „unserer Klassiker" vom Hören ziemlich gut, obwohl ich sonst kein *Wissen darüber* habe. Ich bin eben nie *Schüler* gewesen. Völlig vertrottelt musste ich ihr aber *erscheinen*, als ich auf den sonnenhellen Dünen stand und strahlte, mich glücklich fühlte und meinte, die göttliche Natur hymnisch besingen zu müssen: „Da, diese Kreise im Sand vom windgebeugten Strandhafer – wie mit dem Lineal gezogen!" - „Lineal?" – „Habe ich Lineal gesagt?" – „Hast du!" – „Dann meinte ich wohl eher Zirkel!".

Solche Schnitzer vergesse ich nie. Warum eigentlich nicht? Wenn ich im Moment des Überschwanges Elementarkenntnisse vergesse, dann stellt das meinen geistigen Zustand, der eine solche Euphorie zulässt, in Frage. Ja, alles Glück wird fraglich, wenn es mit Debilität einhergeht. Mit dem Unglück ist es anders.

Das Denken-*Können* habe ich bei mir immer sehr misstrauisch begutachtet.

Als ich in einem christlichen Kloster vor zehn Jahren während des Unterrichts für uns Klosterschüler behauptet hatte, dass im Universum keine Ordnung herrsche, sondern Chaos, weil alle Ordnung, die wir zurecht bewundern, dem Zerfall und der Zerstörung durch Kollisionen mit anderen Ordnungen ausgesetzt seien, sagte er, der ehemalige Mathematiker, der Prior werden wollte, *ich könne nicht denken*. Zum Beweis legte er mir Augustinus' Lob des symmetrisch-harmonischen Blütenbaus vor.

Ich dachte dabei eher an den Rasenmäher des freundlichen Gärtners, den Bulldozer des glücklichen Häuslebauers, an die Ziege, die ja auch ihre Ordnung erhalten will und muss und die Blume frisst.

War es der *Zweck* der Blume, zerstört zu werden? Vielleicht - ja. Keinesfalls war es ihr *Ziel*.

Dennoch trauere ich über jeden Verlust an Schönheit. Aus evolutionsbiologischer Sicht gibt es eine „höhere Ordnung", die die Zerstörung als zweckmäßig erscheinen lässt („Wozu das Böse..."). Aus der Sicht der Blume herrscht aber nur – Chaos und

Zerstörung. Dabei hatte sie sich so schön herausgeputzt. Analogie? Meine zerstörte Kindheit. Gibt es auch hier eine „höhere Ordnung", die diese Zerstörung rechtfertigt?

Ich *hoffe* – nicht.

Heißt Denken *nicht*, die *eigene* Perspektive einzunehmen? Dann kann ich tatsächlich nicht denken.

Ich lebe lieber in einem Universum, in dem das Unglück einfach Unglück ist und nicht die Offenbarung eines höheren – Glücks.

Lieber in einem sinnlosen und zweckfreien Kosmos leben, als in einem, in dem alle Übel gerechtfertigt sind. Meine Anti-Theodizee...

B. Russel verzichtet völlig auf eine Wesensdefinition – des Geistes, der Materie –, er ersetzt den Substanzbegriff durch den Begriff der Relation. Dadurch werden die Begriffe natürlich besser analysierbar, aber geht dabei nicht auch etwas verloren?

Kaum zu glauben, wie oft mir schon das Lachen verging, bevor es dazu auch nur einen Anlass gab.

In jeder Situation steckt der Keim zu einem grotesken Gelächter.

Kriegsvorbereitung ist reine Nervensache. Denn für die Kriegstreiber ist es ein Nervenkitzel.

Ein Archäologe der Zukunft. Was wird er finden? Natürlich nur Trümmer und Ruinen.

„Die Natur ist ein Tempel, dessen lebende Säulen manchmal dunkle Worte zu uns reden./ Der Mensch wandelt in einem Wald von Symbolen, die ihn mit vertrauten Blicken betrachten." (Baudelaire)

Wer im „Wald der Symbole" wandelt, der kennt nicht die „Natur". Wir lieben sie, diese Liebe wird aber nicht erwidert. Die „Natur" hat eben keine menschlichen Züge – ebenso wie unsere Natur eigentlich nicht „human" ist.

Nur unser kultiviertes Fühlen und Denken strebt nach „Humanität" – all unseren sozialen und biologischen Realitäten zum Trotz. Warum? Eben um unserer sozialen und biologischen Realität willen.

25.5.1995

Wenn es überhaupt eine „absolute Wahrheit" gäbe, dann wäre es die der „Natur", nicht die Gottes, auch nicht die der „kleine(n) Menschenwelt, die sich gewöhnlich für ein Ganzes hält." (Goethe)

Doch die Wahrheit *welcher* „Natur"? Die Darwins, die Heisenbergs, die Einsteins oder die - Goethes?

Aber es gibt sie nicht? (Wenn es sie nicht gibt, dann gibt es auch keine Wirklichkeit!). Wenn Gott zu mir spräche: „Wähle!" – zwischen der Wahrheit und dem irrenden Streben nach ihr -, dann wäre ich nicht so „demütig" wie Lessing. Ich würde die Wahrheit wählen *und* Gott darum bitten, diese Wahl *allen* Menschen zu erlauben (Ende der Religionskriege, aber auch Ende aller Diskussion! Wehe, nur eine Gruppe, eine Partei, ein Mensch mit Macht käme aus einer solchen Begegnung mit Gott und hätte seine Wahl getroffen - gegen Lessing!). Tja, es scheint aber viele davon zu geben!

An Lessings Gedankenexperiment ist es eben der – wenn auch für die Denker der frühen *deutschen* Aufklärung unausweichliche - Fehler, dass ... *nur er zur Wahl geht.*

Es ist schrecklich, mit der Wahrheit allein zu sein. Da kann man Lessing verstehen. Man würde nicht nur faul und arrogant werden, sondern eben auch einsam. Alles zusammen ergibt ein Krankheitsbild. Aber vielen geht es ja so, die mit *ihrer* schrecklichen Wahrheit allein sind…

Das undemokratische Zeitalter tagt noch in der Nacht unserer Seelen. Jeder muss für sich alleine wählen, jeder meint, nur er wähle sein Schicksal oder werde von ihm gewählt...

Aber die *absolute* Wahrheit – absolvere = losgelöst, gewissermaßen frei und schwerelos... - ist ja ein anderes Thema, hier geht es um die objektive Gewissheit, um unser Wissen von der „wahren" „Natur" des „Seins" – wie alles wirklich *ist*. „Was die Welt im Innersten zusammenhält." (Goethe)

Auch wenn da *natürlich* Zusammenhänge bestehen.

Ironischerweise lässt Lessing diese Frage (nach der „reinen" Wahrheit) ja gar nicht offen. Immerhin steht er – wenn auch konjunktivisch - vor Gott. Damit widerspricht er aber der göttlichen Offerte. Wer vor Gott steht, und sich mit ihm unterhält, der hat ihn ja schon erkannt – der braucht nicht mehr *ewig irrend zu streben*. Oder Gänseblümchenblätter rupfen: ER existiert – ER existiert nicht...Gottes Offerte wäre ein Witz. Die Antwort Lessings die Pointe. – *Danke, ich habe genug gesehen...*

Die beiden müssen sich köstlich amüsiert haben...

Vielleicht *hat* Lessing ja nur einen Witz gemacht, zuzutrauen wäre es ihm. Und in den Schulen wird das als Prototyp der Aufklärung, der Toleranz gelehrt? *Richtig!* - nur haben die Lehrer den Witz nicht verstanden.

Tolerant ist, wer sich über die tiefsten und die erhabensten „Wahrheiten" lustig machen *kann*. Kann, nicht *darf*.

Die Fähigkeiten sind da sehr ungleich verteilt.

Toleranz kann weder erlaubt noch verboten noch geboten werden. Sie kann einem nur *abdressiert* werden.

Menschen sind von Natur aus tolerant, vorausgesetzt, sie haben Humor („Witz").

Wer Menschen (außer zum Verzehr) *tötet* – sich oder andere oder beides –, der hat keinen Humor. Der versteht keinen Spaß und der will, dass die anderen ebenfalls das Spiel – bitte nicht ernstnehmen! –verlieren…Dem wurde die Toleranz *abdressiert*.

Verstand Jesus eigentlich Spaß?

Ich glaube, Nietzsche ist es aufgefallen, dass Jesus niemals lachte. Na ja, bei *dem* Vater?

(Bei *der* Erziehung konnte aus dem Jungen ja nichts werden!)

Die tödlichen *Spiele* der Humorlosen (Inkas, Mayas, Nazis, Kommunisten, Moslems und Christen z.B., die Juden ausgenommen) – sie nerven ungemein, denn hier handelt es sich um ziemlich hässliche Verlierer, die einfach weiter spielen.

Grenzen des Humors. Hitler konnte nicht über Judenwitze lachen - da hört der Spaß aber auf! Für die Juden…Er wollte ihnen den *deutschen Ernst* beibringen (er hatte schließlich ja auch nichts zu *lachen*!).

Hitler wollte nicht die Juden, sondern ihren Humor ausrotten. Das ist im dank Charlie Chaplin nicht geglückt.

Oh, lasst sie doch ihr Spiel spielen, oh, so lasst sie doch spielen…

Einer, der es hasst, wenn andere lachen. Lachen sie über ihn? Nein, sie lachen, weil sie lebensfroh sind. Nun ja, *gewesen* sind.

Woran leiden wir in den Demokratien? An der Einsamkeit unserer nur subjektiven Wahrheiten. Woran in einer Diktatur? An der Einsamkeit infolge objektiver Lügen.

Wer nichts zu lachen hat, dem erzähle man *geeignete* Witze, bevor er Amok läuft!

Lichtenrade Nacht 26./27.5.1995
Formale und philosophische Bildung

Bildung für alle! Das Denken zu einer Angelegenheit aller zu *machen* ist riskant. Die nachteilige Wirkung der Schulbildung ist, dass sie *unverdaut* mehr Orientierungslosigkeit erzeugt als beseitigt. Man setzt bei ihr voraus, was man durch sie zu erreichen versucht – oder vorgibt –: geistige Reife, Charakter, Mut, Humor. Die *Liebe zur Wahrheit* ist dabei eher störend.

Dass die intelligenten Schüler, die keinen Erfolg, sondern nur *Fragen* haben, in einem Milieu, in dem es nur *Antworten* gibt (nur eben nicht auf ihre Fragen), dann anfangen, hinten in der Ecke rum zu lümmeln und ihre Mitschüler aufzuwiegeln, wer will es ihnen verdenken?

Das moderne Schulsystem versucht das Problem durch die *formale* Bildung zu lösen, die aber ein vollständiges Missverständnis des Bildungsgedankens ist.

Das *Streben* nach Wahrheit, sagt Lessing, verleihe dem Menschen Wert, nicht deren *Besitz*. Schön und gut. Aber dies *Streben* – von dem unser *Bildungs*begriff abgeleitet ist – ist eben nach Lessing ein fortgesetztes Irren und in die Irre Gehen *im Wissen* um die

Unerreichbarkeit des Ziels! Das darf man Schülern freilich *so* nicht sagen, zumal im Bildungsbegriff ein kleiner Widerspruch steckt, eine kleine Metaphern-Kollision zwischen dem idealistisch-biologistischen Paradigma der Pflanze (*Erziehen, Streben, Bilden, Reifen* – alles Begriffe der *Botaniker* des 18. Jahrhunderts) und dem eigentlich *mystisch* inspirierten Paradigma der Aufklärung (Licht, helle Vernunft, Erforschen des Dunklen, Geheimnisvollen, Unbekannten, Wilden…). Und das Ziel, ja, das Ziel *darf* ja gar nicht erreicht werden, weil es nicht erreicht werden *kann*. Das Dunkel wächst mit unserem Licht, das wir in es hineineinwerfen: Kein Aushängeschild für die Schule! Also siegt das Paradigma des Gärners über das des Abenteurers, Pioniers und Eroberers. Also, wie dann nur *streben und streben lassen?* Einen natürlichen, spontanen Impuls braucht ja jede bedingte und unbedingte Konditionierung. Die „reine Wahrheit" als Ziel des Strebens, die Lessing in der *Duplik* so demütig ausschlug, steht uns Menschen ja nicht zur Wahl (das Gedankenexperiment ist im kontrafaktischen Konjunktiv gehalten). Eine solche trübe Aussicht muss abgeblendet werden, sonst geht der Irrende in die Irre (oder er geht erst gar nicht – zur Schule). Wie bringt man nun den Schüler dazu, nach etwas zu streben, was er nicht erreichen kann, nicht erreichen *darf?*

Der vermeintliche Besitz der „reinen Wahrheit" hat, wir erinnern uns, nicht viel Gutes und Erfreuliches in der Menschheitsgeschichte bewirkt. Aber man muss ihn ja zunächst gar nicht dazu *bringen*! Man muss ihn eher bremsen. Die Kunst der Didaktik besteht genau darin, den *natürlichen* Forschertrieb in einen künstlichen zu transformieren, der sich der sozialen Nomenklatura bedient. Alle Kinder streben ja nach dem, was sie *noch nicht* erreichen können. Auch wenn man ihnen erzählt, sie seien zu *klein*, wird man kaum dazu beitragen, sie zu bremsen. Im Gegenteil, jetzt erst recht! Wenn man ihnen erzählt, sie werden niemals *groß* werden – das meint ja Lessings Gedankenexperiment, man denke an den Gottesbeweis von Anselm von Canterbury! –, dann wird man ihren Eifer vertausendfachen. Um Kinder für die Wahrheit zu begeistern, muss man sie einfach für ihre *Fragen* begeistern, auf die wir eben – keine *Antwort* haben. *Fragen sind die Sprache des Geistes.* Schenken wir ihnen reinen, ungepanschten Wein ein (alkoholfrei, versteht sich) und gestehen ihnen freimütig, dass wir auch nicht wissen, wie das Kreuzworträtsel der Existenz zu lösen sei. Schön, wie aber erreicht man nun das Gegenteil, das war ja die Frage? Wie hindert das moderne Schul- und Erziehungssystem den menschlichen Verstand daran, auf seine Bestimmung loszueilen und sich alle Knochen zu brechen? Ganz einfach, durch ein System von Lohn und Strafe. Man wirft ihm von oben herab Steine in den Weg (ganz so als gäbe es nicht schon genug davon im realen Leben!) und versichert ihm, die müsse er erst *verdauen*, bevor er urteilen und *fragen* (später! Später wirst du verstehen!) dürfe (aber bloß nicht über die Qualität der Nahrung!). Dabei – beim Verdauen - sei er nun allerdings auf uns angewiesen – auf unseren guten Rat und unsere gute Tat, auf unsere Hilfe und Leitung (Päda*gogik*). Denn wir – die Eltern, Lehrer, Erzieher und alle, die alle Hindernisse erfolgreich bewältigt haben – wissen, wo es lang geht! Erfolgreich ist der Schüler, der den künstlich aufgerichteten Parcours bewältigt, bestraft wird derjenige, der sich möglicherweise einen Tunnel drunter durch gräbt. Da wir wissen, wo es langgeht – er nicht -, haben wir ein Repertoire an Sanktionsmaßnahmen – Urteile, Bewertungen, Benotungen, Verweigerung von Abschlüssen als Eintrittskarte in den Freizeitpark der Gewinner. Wir wissen, wo es langgeht? Ja, wir kennen ja den Weg, den wir selbst angelegt haben. *Alle die anderen kennen wir nicht.* Tja, natürlich wissen wir nicht, wo es auch noch langgehen *könnte.* Wir wollen das auch gar nicht wissen, denn wir haben die Hindernisse, die uns in den Weg gelegt wurden, ja nicht wirklich erfolgreich bewältigt.

Wir haben ja nur die *sozialen Spielregeln gelernt*, um die Hindernisse geschickt zu umgehen. Damit kennen wir uns aus. Dafür wurden wir prämiert. Das prämieren wir. Nicht die weitaus gefährlicheren Regeln des Wahrheitsspiels sind unser Vorbild, sondern Sackhüpfen und Eierlauf. Aber das können wir ja nun auch nicht *so* sagen! Also führen wir das Kind, den Schüler, den Studenten am *Gängelband des formalen Bildungsgangs* und versichern ihm unentwegt, er müsse seinen *eignen* Weg finden, wir *helfen* ihm nur dabei…Daher statt der Wahrheit der – Bildungsabschluss! Das ist das Gegenteil *eines eigenen Weges*.

Bildungs*abschluss* – was für ein Wort. Neuerdings redet man gern vom lebenslänglichen Lernen, weil man erkannt hat, dass so eine Bildung ja eigentlich nie abgeschlossen ist. Tja, wie soll man das bewerkstelligen, dies lebenslängliche Irren und blinde Suchen? Natürlich durch weitere …Abschlüsse, Zertifikate, Prüfungen, Weiterbildungen, *Und-so-weiter-und-sofort*-Bildungen…

Am Ende – oder auf den Etappen auf dem Weg zum Ende – glauben die Schüler doch tatsächlich über *Wissen* und Können zu verfügen! („Wie, du *weißt* nicht, dass Mitochondrien für die Zellatmung *da sind*?!") Was aber ist Wissen? Gerechtfertigte, wahre Meinung – nach Platon. Wem das zu beschwerlich ist (ich meine die Rechtfertigung), der kann sich auch mit der Kurzform begnügen: *wahre Meinung*. Und da ist sie ja doch wieder, die Wahrheit, wenn auch nicht *völlig losgelöst und schwerelos*… „Wahr" bedeutet im Bildungswesen aber: „sozial akzeptiert"! Der Schüler dagegen trägt schwer an seiner Wissensbürde, ist ihm das Wissen doch die oberste Hürde auf dem Weg zum sozialen Auf- oder Abstieg (je nach Konjunktur). Und da von der Wahrheit ja nur – zumindest hofft man das! – *irgendein* Streben (nach Erfolg!) übrig bleibt (Erbe der Aufklärung?), man also nie *weiß*, ob man auf dem richtigen Holzweg ist, braucht es ein anderes Messinstrument. Und das ist – richtig! – der formale Bildungsabschluss. Schön, die Wahrheit wurde aus dem Fächerkanon verband, da sie ja doch nur für Gott bestimmt ist. Damit wurde– ach, die Dialektik der Aufklärung? - aber auch das Streben danach aus den Lehrplänen, jedenfalls aus den Schülerköpfen, gestrichen (bzw. in außerschulische Erkenntnisprozesse ausgelagert). Der starke Impuls zur Erkenntnis der Wahrheit der Welt, der beim Kind eine ganz natürliche Erscheinung ist, verebbt auf dem Marsch durch die Institutionen. Und was bleibt? Als *Besitz* eben dann doch nur der formale *Bildungs-*

abschluss. Die *soziale Prämie.* Denn nach *Besitz*, lieber Lessing, strebt nun mal die Welt. Und der macht den Menschen bestimmt nicht besser. Sonst *gute Nacht Aufklärung*, in einer Welt, die zum größten Teil von Habenichtsen bewohnt wird.

Und da man ja auch findet, dass Bildung und Wohlstand irgendwie zusammenhängen, ist natürlich „Bildung für alle!" die Losung im Kampf gegen Hungerkrisen, Knechtung der Frau, Kriminalität und Stammeskriege. Aber auf den Bildungsbegriff kommt es dabei an. *Formale Bildung steht in Konkurrenz zu philosophischer.* Formale Bildung bildet nur eben leider nicht, sondern liefert nur *Erfolgswissen* (*knowing how* und *knowing that*, nicht *knowing what* und *knowing why*), zu welchem Zweck auch immer (Atomreaktoren, Waffenproduktion, chemische Industrie…), mit welchem Ziel auch immer. Der von Lessing, Humboldt und Kant erhoffte *moralische* Lernprozess findet dabei – tja, warum wohl nur! – nicht statt. Der moralische Lernprozess würde bedeuten: Leben und Denken lernen, Ungewissheiten, Irrtümer, die Tragik des Lebens und Denkens aushalten, produktiv nutzen lernen, ohne zynische Abwehrmechanismen nötig zu haben.

Formale Bildung erzieht nicht zur Tugend, hält den Wahrheitstrieb nicht am Leben, sondern fördert nur das Streben nach sozialem Erfolg.

Dass *formale* „Bildung für alle!" nicht die Lösung sein *kann*, das sieht man ja an – Deutschlands formaler Bildungselite, die zwei Weltkriege begonnen - und dann sogar auch noch verloren hat. Oder an dem Schulsystem der DDR, das dem westdeutschen überlegen war im Reproduktionswissen - auch wenn es der gesellschaftlichen Reproduktion nicht viel geholfen hat. Auch hier wieder die Frage: Warum wohl nicht?

Antwort: Weil das Bildungsziel nicht *Erfolgswissen* lautet, sondern *Wahrheit*. Denn Erfolg ist immer nur in Hinblick auf ein bestehendes System und dessen Bedürfnisse realisierbar. Nur war das im Fall der DDR der konservierte Irrtum als Besitz (daher keine Entwicklung). Nun erzieht –Überraschung! - das Streben nach dem, was *unerreichbar* ist, allererst zu den Tugenden, zu der Moral – Mut, Charakterstärke, Humor, Humanität, Wahrhaftigkeit und Beharrlichkeit -, die das Kerngeschäft philosophischer Bildung ist. Kurz, nicht das Streben nach Erfolg führt zum Erfolg, sondern wer erfolgreich nach Wahrheit strebt, hat vielleicht Erfolg - beim Erkennen seiner Irrtümer.

Will man das *Streben* nach Wahrheit wieder in die Köpfe, die wie lang vernachlässigte Blumentöpfe vor sich hinwelken und von künstlichen Blumen träumen, pflanzen, dann darf man den Schülern nicht vorgaukeln, sie erreichten mit *irgendeinem* Bildungsabschluss (Zertifikat, Examen) den Abschluss ihrer Bildung, also *wahres* Wissen als Besitz. Danach streben Menschen natürlicherweise, wenn man sie nicht vom Gegenteil frühzeitig überzeugt hat. Selbst wenn man ihnen predigt, der Bildungsprozess sei nie abgeschlossen, sie lernen nicht für die Schule, sondern fürs Leben, lebt man ihnen doch das Gegenteil vor.

Als Anreiz und Trostpflaster für ja sonst verlorene Liebesmüh' vergibt das moderne Schulsystem Prämien und Bonitäten und schürt genau damit den *zynischen* Geist, den es bannen will. Denn diese Stratifikationen halten zwar den Hamster im Rad, aber das Gehirn läuft dabei leer. Nun kommen aber diejenigen, die den *Lernprozess* ins Auge fassen, und rufen „Halt! Einwand! Alles Unsinn! Man *muss* den Lern- und Bildungsweg parzellieren, mit Etappen des *sozialen* Erfolgs garnieren, sonst entmutigt man die Schüler, man muss ihnen kleine Happen vorwerfen, sonst verzagen sie am Unerreichbaren!

Man muss ihnen Barrieren, die erreichbar sind, vorsetzen, sonst blieben sie im Bett und wie teuer doch das Polizeiaufgebot den Staat käme, um die Schüler zur Schule abzuführen!" Das ist falsch. Die meisten Schüler lernen nichts in der Schule, was sie für wertvoll halten, sondern sie lernen, weil sie nicht auf der Straße landen wollen. Ursprünglich lernen sie aber, weil sie die Welt erkennen wollen, das ist eben diese lästige Wahrheits*suche*, um die man sie nun betrügt.

Das müsste nicht so sein, wenn die Bildungsverantwortlichen (!) den Mut zum Selberdenken hätten und sich und der Republik gestehen würden, dass menschliche Bildung in einem *offenen* Universum und in einer *offenen* Gesellschaft vor allem das Aushalten von *offenen Fragen* erfordert. Also *Mut* und moralische Stärke.

Es gibt kein besseres Rezept dafür, Kinder im Denken anzuspornen, als ihnen ihre Fragen nicht zu beantworten („Weiß ich nicht, denk selber nach!").

Es gibt ein todsicheres Rezept, ihr Denken zu narkotisieren, man muss ihnen nur all die Antworten liefern, die sie nicht bestellt haben.

Denn nichts spornt den Menschen mehr an, als sich ins Abenteuer der Erkenntnis zu werfen, in der aberwitzigen Hoffnung, die großen Rätsel *selbst* zu lösen, die Wahrheit zu entschleiern, die Nüsse zu knacken, an denen sich alle bisher die Zähne ausgebissen haben.

Bloß das Wissen und Können der Erwachsenen zu erwerben, ist bei *den* Erwachsenen, die ja so leicht zu durchschauen sind, nicht besonders reizvoll. Und wenn doch, dann setzt man genau hier falsche Anreize. Guter Unterricht lehrt die Schüler, auf ihr *Nichtwissen* stolz zu sein und ihre soziale Ehre darin zu sehen, möglichst viel *nicht* zu wissen, dafür aber viel zu denken. Freilich hat das nichts mit Unwissenheit, mit Faulheit und Dummheit zu tun. Das nur scheinbar stolze Nichtwissen vieler Schüler ist das traurige Ergebnis einer Kultur, die ihre Irrtümer als Antworten getarnt so geschickt konserviert und vermarktet, dass ein kluges Kind lieber seine gesunden Zähne behält. Dahinter steckt Resignation, Verzweiflung, Vergeblichkeit. Denn es erkennt, wie wenig wir Erwachsenen wissen, um uns nacheifern zu können, und wie verkehrt das ist, was wir von ihnen verlangen.

Kinder wollen nicht ihren Eltern und Lehrern nacheifern, sondern der Wahrheit, dem Unerreichbaren. Sie vertrauen ihren Eltern und Lehrern nur soweit, wie diese den Mut haben, sich die Wahrheit selbst zuzutrauen.

Damit fangen *wir* am besten gleich an! Erwecken wir unser Streben nach Wahrheit zu neuem Leben, im Wissen, dass Fragen bilden, nicht Antworten.

Betrachten wir unsere Forschungen und Versuche als festen Besitz, den uns keiner rauben kann. Im Wissen um unser gewisses Scheitern haben wir unseren Stolz in den Dokumenten unserer eigenen *Lösungsvorschläge* zu den ganz großen Fragen und Problemen – in unserem wahren Wissen um *unser* Glücken und Versagen. Hier wird der Weg, den unser Streben zurückgelegt hat, zu unserem Besitz.

Lichtenrade Nacht 27./28.5.1995

Schmerz der Liebe. Sie ist mein Dornhöschen.

Bin heute am *Wilden Eber* vorbeigeradelt, auf dem nostalgischen Weg in die verlorene Zeit. Wie er da in Bronze erstarrt in wehrhafter Pose steht, lässt nur erahnen, dass es das letzte war, was er versuchte, um der herannahenden Meute zu trotzen. Vergeblich, sonst stünde er da nicht, allein, ohne die Hatz, deren Beute er wurde.

Das größte Wunder des Geistes scheint mir in seiner Fähigkeit zu liegen, *seinen* Erfahrungen eine *eigene* Sprache geben zu können. Die alltägliche Kommunikation verhüllt nur das Unbegreifliche, dass wir unser Leben mit Symbolen zum Sprechen bringen können. Menschliche Existenz ist Körper, *übersetzt* in Geist und Geist *übersetzt* in Körper. So ist Sprechen und Schreiben ein Übersetzen, ein Übertragen, ein Hinüberretten der Erfahrung in das Archiv der Sprache und von dort wieder zurück in die Welt der Körper. Wie immer bei Archiven, sind aber auch die Sprachen funktional rubriziert. Nicht in jeder Sprache ist alles möglich. Nicht jede Erfahrung passt in jede Sprache. Manchmal passen Erfahrungen freilich in keine vorhandene Sprache. Sie müssen sich eine eigene schaffen. Soziolekte selektieren das Passende vom Unpassenden. Wer in einem Soziolekt nicht fit – ein *misfit* - ist, wird sozial bestraft. Ihm wird die Artikulation *untersagt.* Wer in der Sprache der Chemie sein Herz ausschüttet, verschreckt seine Herzallerliebste und fliegt aus dem Labor. Er bekommt nicht, was er will, sondern was er verdient. Die Welt der sozialen Kommunikation als die Welt des gemeinsamen Sinns – des *common sense* - lässt wenig Raum für sprachliche Extravaganzen und Exzentrizitäten.

Dennoch *erlebt* jedes Ich *sich selbst* als extravagante Exzentrizität.

Auch dafür braucht das Ich eine Sprache, um nicht wie ein *wilder Eber* den *common sense* zu alarmieren und das bewährte Sanktionssystem zu aktivieren. Im Extremfall den Schusswaffengebrauch. Kriminelle sind gewissermaßen und verblüffender Weise *überangepasste* Sprachnutzer, die es nie gelernt haben, neben der Welt der anerkannten Soziolekte ihre *eigne* Welt der Erfahrung in Sprache zu übersetzen. Sie sind die wilden Eber. Ich meine natürlich nicht nur den kleinen Ganoven, sondern auch den Suizidanten, den jugendlichen Gewalttäter und Mörder aus Hab- oder Eifersucht genauso wie den Wirtschaftsboss und Staatenlenker, oder auch den kleinen Beamten und Lehrer, der nur auf seinen Einsatz hingearbeitet hat, der Welt seine – *Sprachlosigkeit* zu diktieren.

Gewalt ist der Einbruch der Sprachlosigkeit in die Welt der Sprache (des Geistes und des Körpers). So erscheint körperliche Gewalt immer auch zugleich als geistige und umgekehrt.

Sprachliche Gewalt ist der Vorbote von körperlicher Gewalt.

Was ihnen allen fehlt, ist die Kunst, zu sagen, was sie denken, zu denken, was sie fühlen, zu fühlen, was sie erleben, zu erleben, was sie erfahren haben – als sie noch keine Sprache hatten.

Was sie nie gelernt haben ist, *sich selbst* in Sprache zu übersetzen; dafür aber bricht ihr Wollen nun in den gepflegten Garten der sozialen Ordnung

In Familie, Kindergarten, Schule wird über das Sagbare und das Unsagbare, über Erlaubtes und Verbotenes entschieden. Das Ich bleibt dabei in den meisten Fällen mit dem Tabu des Unsagbaren stigmatisiert.

Auf den Zeugniskopf schrieb mein Klassenlehrer damals: „T. sollte seine eignen Probleme besser *hintanstellen.*" Daraus ist nun eine so lange Schlange geworden, dass ich für den Rest meiner Tage zu tun haben werde!

Literatur gibt der Stummheit des Ichs eine neue Sprache, eine Sprache, die in den Institutionen der Welt – in den Familien, in den Kindergärten, den Schulen, den Büros und Werkhallen – nicht gesprochen wird.

Die Soziolekte funktionieren nach Spielregeln, bei deren Einhaltung der Erfolg zwar nicht garantiert, bei deren Verletzung das Scheitern aber gewiss ist.

Daher beginnt jeder bedeutende Schriftsteller mit einem Verstoß gegen die Regeln, in der absurden Hoffnung, das Spiel neu erfinden zu können und so auch über Gewinn und Verlust neu zu entscheiden. Er pokert in der geheimen Erwartung, dass seine Auflehnung gegen das Herkommen nicht als Unfähigkeit oder Bosheit, sondern als heroisch, als mutig, als innovativ gefeiert wird.

Weil hinter den Mauern der alten Phrasen die verzweifelte Kreatur nach Ausdruck verlangt.

Er gibt sich und damit allen Menschen die Sprache, zu sagen, was sie leiden. In gewisser Weise ähnelt der originelle Schriftsteller, der sich gegen die Konventionen richtet, dem Kriminellen, mit dem Unterschied, dass er nicht nimmt, sondern gibt. Alle guten Schriftsteller sind sich ähnlich in ihrem philosophischen Zugriff auf die Welt – bei aller Verschiedenheit der Weltsicht. Ihre Originalität besteht in einer neuen Wahrnehmung des scheinbar längst Vertrauten.

Darin sind sie dem Flüchtling, dem Fremden ähnlich, der in unsere vertraute Welt einbricht und sie unheimlich erscheinen lässt. Oder auch dem Kind, das noch nicht an unsere Etiketten und Regeln gewöhnt ist, dessen Spontanität eine andere, fremde Welt erahnen lässt.

Oder dem Philosophen, der aktiv und nur scheinbar destruktiv seine Wohnung verwüstet, um sie von Grund auf neu zu errichten. Der Philosoph will sich nicht einrichten, sondern das Haus selber bauen, in dem er wohnt. Man bemerkt bei Kindern einen amoralischen Hang zur Zerstörung, zur Wut, wenn die Welt nicht so will wie sie wollen. Mittels behavioristischer Maximen werden sie konditioniert, das zu wollen, was *wir* von ihnen erwarten. So verstellen wir ihnen den Blick auf die Welt, indem wir uns überlebensgroß vor ihnen aufrichten, als Spender des Guten oder des Bösen, des Lobs oder der Strafe.

Dies alles wird orchestriert in der Sprache der Moral. Ein Kind wird nur dann erwachsen, wenn es den engen Maschen der „kleinen Menschenwelt" Trotz bietet, das strangulierende Netz der erlaubten Sprachen zerreißt oder durch eine „Lücke im System" entwischt.

Daher sind in der liberalen Demokratie die Lücken und Maschen auch besonders groß, nicht nur für Steuerflüchtlinge, sondern auch für die „freie Rede", die „freie Kunst", die „freie Wissenschaft". Man weiß schon, warum: Das Ich braucht ein Ventil, sonst explodiert die Welt.

Erst locken wir die Kinder mit Süßigkeiten, dann entziehen wir ihnen das erwünschte Gut, wenn sie nicht parieren. Aber wir lassen ihnen einen Durchschlupf. So lernen sie, dass Ungehorsam zwar böse ist, zumindest schlecht, denn er bringt nicht das erwünschte Gute. Aber sie lernen zugleich, dass es Hintertüren gibt, die ihnen Freiheit vom Zwang gewähren, kleine Lügen, kleine Heimlichkeiten, die Phantasie, das *private* Ich.

Kinder sind überzeugt davon, dass das, was sie wollen, das Gute ist. Wenn sie durch mehr oder weniger subtile Strafen lernen, nichts zu wollen, sondern immer nur zu erbitten, bleiben sie auch als Erwachsene in Abhängigkeit von der Weltsicht derer, die ihnen vorschreiben, was gut für sie ist.

Wenn Kinder verlernen zu wollen, verlernen sie auch, was das ursprünglich Gute ist. Sie mögen sich darin ja irren. Aber sie können ihren Irrtum *selbst* erkennen.

Allein wenn sie Wünsche haben, die wir ihnen nicht erfüllen können, wenn sie nach Wahrheit und nicht nach dem guten Leben (=sozial belohnt) streben lernen, werden sie zu Zeitgenossen, mit denen sich ein Gespräch lohnt.

Berlin-Wedding Tag 28.5.1995

Die Wiedergeburt des stoischen Denkens in der Ökologiebewegung: „Lebe nach der Natur!" Was heißt das? Nach welcher Natur sollen wir leben? Für die einen bedeutet das, gemäß den erkannten ökologischen Gesetzmäßigkeiten zu leben. Natur als Gesetz, als Logos – Marc Aurel! Die Natur ist alt und weise und weiß, was richtig ist. Wir kleinen Spunte dagegen haben die Lebensregeln der Natur erst jetzt erkannt. Bisher lebten wir wie Säufer und Schlemmer, immer auf der Jagd nach dem Genuss des Augenblicks ohne Blick auf die Folgen.

Für die anderen dagegen bedeutet es ein „Zurück zur Natur", ein Verzicht auf die artifizielle Befriedigung manipulierter Bedürfnisse. Die Entdeckung des eignen wahren *natürlichen* Willens.

Wieder andere entdecken in der Natur das Absolute, Heilige, Unantastbare und im Menschen einen Frevler wider das Gute. Er müsse sich in Demut unter die als heilig erkannte Natur beugen – die Schöpfungsfetischisten.

Zuletzt gibt es noch diejenigen, die daraus eine blendende Geschäftsidee machen, die sich gut vermarkten lässt…

Gibt es in der Natur einen *Selbsterhaltungssatz*?

Sind die Naturgesetze *Welterhaltungssätze*?

Wedding Tag 11.6.1995

Woher weiß ich, welche meiner Gedanken wahr, welche falsch sind? Woher sie kommen? Wohin sie gehen? Wie kann ich entscheiden, was Erinnertes ist, was Erlebtes?

Die Begegnung mit U. hat eine Frage in mir angestoßen, die mir erst durch Monks Biografie Wittgensteins klar wird. Sie steht in Verbindung mit Nietzsches Wahrheitsschrift: *Wann bemerken wir, dass wir lügen?* Per definitionem eigentlich immer, da es sonst keine Lüge wäre. Etwas Falsches zu sagen, ist ja keine Lüge, wenn man es nicht richtig weiß oder wenn es Teil einer Abmachung ist (Dichter sind keine Lügner, Schauspieler nicht etc.). Eine Lüge ist keine Lüge, wenn man sie für wahr hält, wenn man sie sich selbst glaubt. Eine Lüge ist nur dann eine Lüge, wenn man vorsätzlich und in der Absicht zu täuschen die Unwahrheit sagt (man also die Wahrheit kennt, der andere sie aber nicht kennen soll). Aber so erscheint es auf dem ersten Blick. Der wichtige Begriff *Lebenslüge* würde hier herausfallen. Wenn man unsicher ist, was man weiß, was man will, was Ich und Du und Wir und Welt zu bedeuten haben, kann man da vorsätzlich lügen? Könnte das Theorem der Skepsis – Sokrates' *Ich weiß, dass ich nichts weiß* – nicht auch eine Lüge sein?

Diese Frage taucht also auf bei Menschen, die viel zweifeln und sich nicht sicher sind, wann sie wahr reden, wann nicht. In Bezug auf welche Dimension meines Ichs kann ich wahrhaftig sein? Lüge ich schon, wenn ich nicht wahrhaftig und aufrichtig bin? Kann und soll ich jedem meine Wahrheit um die Ohren hauen? Was ist meine Wahrheit?

Wenn man die Welt als „Verblendungszusammenhang" betrachtet, dann gibt es „kein richtiges Leben im falschen" (Adorno), dann gibt es auch keine Möglichkeit mehr – zu lügen.

Dass wir lügen können, beweist, dass die Welt existiert. Vielleicht sogar, dass die „wahre Welt" doch existiert, dass wir sie gar nicht „abschaffen" (Nietzsche) *können*.

Wer die Objektivität der Welt leugnet, wäre also der größte aller Lügner.

Die *Tiefenpsychologie* – „Tiefenschwindel"? – basiert darauf, dass das, was wir über uns glauben, falsch ist und auf unbewussten Selbstbetrugsmanövern basiert. Sind unbewusste Täuschungen Lügen?

Luhmann: ein System kann sich nicht selbst beobachten. Kann es also lügen? Wenn ich mich als System betrachte – kann ich das nach der Definition überhaupt? –, dann könnte ich mich nicht selbst betrachten, ich wüsste also nie, wann ich lüge.

Mein Leben ereignet sich wie ein Autounfall.

Wäre die Welt objektiv eine Illusion –Vorstellung, Erscheinung – dann gäbe es niemanden, dem sie erschiene. Das wäre absurd, denn eine Illusion oder eine Erscheinung gibt es nur für einen „Beobachter". Also ist sie nur subjektiv Erscheinung. Folglich existiert sie objektiv „an sich". Andererseits kann ich auch annehmen, es gäbe *nur* die subjektive Erscheinungswelt. Das wäre aber dann notwendig nur *meine* Welt. Dann hätte ich aber den Solipsismus am Hals wie die Krätze.

Nietzsche las Schopenhauer so: „Die Welt als Wille und *Verstellung*". Klar, wer ständig ins Theater rennt, um ja die neuste „Vorstellung" nicht zu verpassen…

Und von da ist es nicht mehr weit zu Heideggers „Gestell": *Die Welt als ~~Seyn~~ und Gestell…*

Als metaphysischer Realist nehme ich an, dass ich nicht nur in *meiner* Welt lebe. Wie kann ich aber von *meiner Erfahrung* auf die Welt schließen? Es ist eben kein Schluss! Was ist es dann? Kann ich mich darin *irren*, dass die Welt objektiv existiert? Könnte ich eines Morgens aufwachen und erkennen, dass nichts unabhängig von mir existiert? Könnte ich dann überhaupt noch aufwachen?

Wie verhält sich die Demokratie zur Wahrheit? Sie hält sie offen.

Wedding Tag 29.6.1995

Traum: Schiffbruch mit Freund (verwahrlost, lustlos) in Island. Tolles Treiben am Hafen: Viele Sprachen, viele Farben, reges Handeln.

Große Not, den Freund zum Bleiben zu überreden. Im Hotel mit der Tochter der Wirtin angebändelt, gleich Nähergekommen. Plötzlich spricht die Tochter deutsch: „Du, riech mal!" (hält mir was unter die Nase) – „Fromage?"

Einige Versuche, die Freiheit zu institutionalisieren, enden mit ihrem Verlust (Erziehung und Bildung).

Wir entwerten unsere Entdeckungen und Erfindungen, indem wir sie für unsere Alltagsbedürfnisse nutzen.

Heute Nähe zur Gottesidee. Ist es mein Hang zur Bequemlichkeit? Doch der Gottessohn hat nichts, worauf er sein Haupt betten kann!

Sowenig pure Anstrengung ohne Erfolg etwas nützt, nützt auch der religiöse Glaube ohne Gott.

Entstehung von Aberglaube. Die Erfahrung der Gleichzeitigkeit hat etwas Faszinierendes, sofort bin ich bereit, über das Zufällige hinaus eine tiefere, notwendige Verbindung zu vermuten.

Wenn Menschen etwas gleichzeitig und ohne Vereinbarung oder erkennbaren Grund tun, unterstellen sie eine intime Verbundenheit miteinander, auch wenn sie sich gar nicht kennen. Beispielsweise im Treppengang eines U-Bahnhofs.

Wir gingen gemeinsam, auf gleicher Höhe, die Treppe hinunter, und obwohl wir uns nicht kannten, stellte sich ein Gefühl der Zugehörigkeit bei mir ein, das nicht mehr nur mein Gefühl zu sein schien, sondern etwas Manifestes, Wahrnehmbares. Ich hoffte darauf, dass einer von uns beiden zurückbleiben oder vorauseilen würde, um diese seltsame Halluzination zu brechen, aber nein: Jeder Schritt, den jeder ohne Rücksicht auf den anderen machte, war wie *ein* Schritt.

Ich wurde nervös, konnte nur noch daran denken, ob sie – ja, es war eine Frau – auch so empfand, ob sie das wollte, ob uns vielleicht etwas verbinde. Die Versuchung, sie sofort zu fragen: „Fühlst du auch diese Verbundenheit? Wollen wir vielleicht einen Kaffee trinken gehen?" trieb mir den Schweiß aus den Poren.

Als wir den unteren Treppenabsatz erreichten, löste sich die Spannung. Ich war erleichtert und nahm meine Umgebung wieder wahr. Ich sah Menschen allein und in Gruppen, redend, schweigend, scherzend. Sie eilte mir voraus. Ich lief ihr hinterher. Verfolgte ich sie jetzt? War ich vielleicht doch nicht erleichtert, sondern begierig, dieses Gefühl wiederzubeleben? Ich sah eine Chance, aus einer zufälligen Begegnung den Anfang einer Geschichte zu machen.

Durch die rückseitigen Scheiben des Bahnhofskiosks warf sie mir einen Blick zu. Vielmehr sahen wir uns an.

Sie machte eine Halse, als wollte sie den Zug auf dem anderen Gleis benutzen. Ich war nun enttäuscht. Aber sie umkreiste den Kiosk nur, wie es übrigens auch andere taten, in seltsamen elliptischen Schleifen. Plötzlich, als der Zug einfuhr, stand sie auf meiner Höhe, eine Waggonlänge nur entfernt, stieg in den Waggon neben meinem und die Türen schlossen sich. Den Rest der Fahrt ertrug ich nur mit geschlossenen Augen. Ich kannte die Regeln des Übergangs nicht.

Bis hierher war es nur mein Erleben, meine Erfahrung, meine Imagination, meine Erscheinung. Hätte es mehr werden sollen, dann hätte ich Mut beweisen sollen, aus der Konvention des Zufalls ausbrechen, hätte sie ansprechen müssen. Aber ich wollte die Imagination nicht stören, also tat ich lieber nichts als das Falsche.

Es fehlte mir an Erfahrung, wie ich einer solchen Begebenheit Dauer verleihen kann, wie ich eine Fortsetzung arrangieren kann, daher verhielt ich mich so als wollte ich keine Fortsetzung. Tatsächlich passte die Art dieser Erfahrung nicht zur Gelegenheit. Die Erfahrung des Gleichklangs, der Übereinstimmung in Tempo und Rhythmus, ist zutiefst erotisch. Ich kannte die Überleitung von einer U-Bahn-Begegnung zu einem erotischen Abenteuer nicht. Schämte mich zugleich dieses Gedankens, denn die Fortsetzung hing ja nicht nur von mir ab. Ich befürchtete, diese Erfahrung durch meine plumpen Interessen zu entwerten. Hätte die junge Frau nicht berechtigterweise eine andere Fortsetzung oder gar keine wünschen können? Hätte sie mich nicht großäugig fragen können, *wovon* ich eine Fortsetzung wünschte? Was hätte ich antworten können? Der Mut ist es, der Mögliches in Wirkliches verwandelt, könnte man meinen. Aber es ist die Fähigkeit dazu, es auch zu wollen und zu können. Mehr noch, du brauchst eine passende Idee, einen Plan, eine plausible Erklärung. Wann entsteht die Fähigkeit, aus seinen Erfahrungen richtige Konsequenzen zu ziehen? In der Kindheit. Wer diese Fähigkeit nicht hat, in dessen Leben verändert sich wenig nach seinen Bedürfnissen, Wünschen, Interessen.

Erfahrung. Damit man eine Fahrkarte nutzen kann, muss man sie *entwerten*.

Man redet von „Werten" wie von Häusern, die solide oder im Verfall sind.

Grundfrage: Was ist real?

„Lebe nicht in der Vergangenheit!", sagte die Gegenwart, „denn ich bin deine Wirklichkeit". „Lebe nicht in der Gegenwart!", sprach die Vergangenheit, „denn ich bin deine Wirklichkeit! Dass ich vergangen sei, ist eine Täuschung der Gegenwart!" „Einigt euch erstmal!", sagte ich und zog mich mit einem Buch zurück.

Wedding Tag 30.6.1995

Die Sprache als Maß des Wirklichen ist zu wenig und zu viel. Zu wenig, denn das, worüber wir reden, ist ja nicht nur die Sprache. Zu viel, denn das, worüber wir reden, ist meist irreal. Die Grenzen unsere Sprache sind nicht die Grenzen meiner Welt. An jeder Grenze gibt es Passagen. Zum Du, vielleicht sogar zur „Welt".

Fehlersuche. Der größte Fehler meines Vaters war es, *Vater* zu werden. Also bin *ich* sein größter Fehler?

„Ob wirklich alles verloren ist, hängt davon ab, ob ich selbst verloren bin." *Vàclav Havel*

Wenn *fast* alles verloren ist, ist es nur eine Frage der Zeit, bis du nachfolgst.

Sein Erscheinen sorgte für Enttäuschung. Eigentlich war er ein Wunschkind. Dann passte seine Wirklichkeit doch nicht so recht zum Wunsch.

Kinder sollten der Versuch sein, die Welt zu ändern. Tatsächlich sind sie nur der Versuch, sie zu erhalten wie sie ist.

Was sich *jetzt* ereignet, begreife ich erst, wenn es vorbei ist.

Wir wären im Vornherein immer klüger, wenn wir es im Nachhinein wirklich wären.

Er lebt nicht auf Augenhöhe mit seiner Realität. Sie ist ihm immer um Armesbreite voraus.

Nach jeder Erfahrung war er froh, dass sie vorbei war. Und da wartete auch schon die nächste auf ihn.

Maulwurf. Er stolperte durch seinen Bildungsgang wie ein Sehender.

Jede Gesellschaft bildet – formt – die Kinder nach dem Bild, dem *sie* gleichen will. Man muss hier genau schauen, *wer* sie nach *wessen* Bild formt!

Bücherverbrennung. Man kann nicht so viele Bücher verbrennen wie nachwachsen.

Auf der Suche nach Vorbildern verhaspelte er sich in seinen Nachbildern.

Er hinkt seiner Erfahrung immer hinterher.

Einer, der an seinen Gewissheiten verzweifelt.

Er prescht seiner Erfahrung immer voraus.

Er flieht vor seiner Zukunft.

Die Erfahrung von *Gleichschritt* ist der Erfahrung von *Gleichklang* verwandt.

Alles ging seinen gewohnten - Stuhlgang.

Der Deutsche ist ehrlich. Beweis? Das häufigste *deutsche* Wort: „Scheiße!"

Er verpasste seinen Termin, nicht, weil er sich in der Zeit *ge*irrt hatte. Er hatte sich in der Zeit *ver*irrt.

Er landete aus Versehen in der Vergangenheit.

„Die Vergangenheit ist eine Konstruktion der Gegenwart!" – „Die Gegenwart ist eine Konstruktion der Vergangenheit!"

Sterben kann ich aber nur *jetzt*. Ebenso leben.

Ich kann nicht von mir behaupten, dass ich tot *bin*. Soll ich das aber anderen überlassen?

Der Zeit ist ein Kreislauf. Er plante also immer im Nachhinein für das Kommende und im Vornherein für das Gewesene. Er nennt es *nach*denken.

Er feilte so lange an seiner Gegenwart, bis sie seiner Vergangenheit entsprach. Alternative: …bis er ihre Vergangenheit nicht wiedererkannte.

Er legte sich seine Vergangenheit so lange zurecht, bis sie nicht mehr zu seiner Gegenwart passte.

Beziehung. Zufällige Übereinstimmungen führen oft zu langfristigen Verstimmungen.

Sie suchten in ihrer Beziehung den Gleichklang, der sie zusammenführte. Dabei gerieten sie immer mehr in Missstimmung.

Dilemma. Was sie verband, war die Erfahrung des Scheiterns (Kindheit, Lebenspläne, frühe Beziehungen etc.). Ihre Verbindung hielten sie aufrecht aus Angst vor der Wiederholung ihrer Erfahrung.

Sie können nicht leben ohne Angst vor dem Tod. Sobald die Angst erlischt, sterben sie.

Beziehungsparadox. Sie können nicht zusammenleben ohne die Angst vor der Trennung. Sobald sie sich sicher fühlen, trennen sie sich.

Er brauchte keinen Strom mehr, er las beim Hoffnungsschimmer. (Varianten: Er braucht kein Licht zum Lesen, er hat einen *hellen* Verstand. Er las beim Hoffnungsschimmer und verdarb sich die Augen.)

Er kann den Irrtum und Schmerz von Kindern nicht ertragen, er kann es nicht ertragen, wenn Kinder leiden. Er kann es nicht verhindern. In keinem einzelnen Fall.

Paradoxer Wunsch. Er will Vater werden, um wenigstens das Leiden *eines* Kindes zu verhindern.

Wer Kinder liebt, möge ihnen Liebe schenken, aber nicht *dies* Leben.

Anti-Buddha. Man verhindert das Leiden nicht, indem man seine Empfänglichkeit dafür überwindet.

All die toten Kinder stehen vor deiner Tür und warten. Willst du ihnen nicht öffnen?

Aufklärung. Was, wenn wir das, was wir zu Gesicht bekommen, nicht ertragen?

Aufklärung – ein kriminalistischer Begriff. Thron und Altar als Orte des Verbrechens. Das Ende der Aufklärung? Der Fernseh-Krimi. *Tatort.*

Emilia Galotti. Aufklärung als Krimi.

Tragik. Die Kinder halten den Eltern ihre blinden Flecken vor. Diese sehen nichts.

Zeitgeist. Früher war das Leben eine *Leihgabe,* heute ist es ein *Geschenk.* Leihgaben *muss* man zurückgeben, Geschenke *darf* man nicht zurückgeben. Sie landen daher oft im Müll.

Kinder ohne Erbe. Er vergeudete sein Leben, weil er kein Erbe zum Verprassen hatte. (Variante: Er verprasste sein Leben wie andere ihr Erbe.)

Verdorbenes Fest. Ihre Vorfreude war groß. Dann konnte er mit dem Geschenk *seines* Lebens nichts anfangen.

Kinderwunsch. Nicht alle Kinderwünsche gehen in Erfüllung, am seltensten der nach einem glücklichen Kind.

Generationen-Unglück. In einem unglücklichen Kind wiederholen sich die Schuldgefühle der Eltern aufgrund des Unglücks ihrer Eltern (usw.).

Depression. Sie leidet an Depressionen, weil ihr Kinderwunsch in Erfüllung ging – als sie erwachsen war.

Trennung. Um sich über die Trennung hinwegzutrösten, suchte sie sich immer wieder einen neuen Teddy.

Streben nach Glück. Kaum ein mächtigerer Trieb hat mehr Unglück über die Menschheit gebracht.

Lust-Prinzip und Aids. Er ist sehr prinzipientreu, ungeachtet der Konsequenzen.

Nutzen-Prinzip. Er modifiziert seine Prinzipien nach ihrem Nutzen, auch das Nutzen-Prinzip.

Fehlanpassung. Ein Chamäleon, das immer die Komplementärfarbe seiner Umgebung annimmt.

Denker. Was ihm nicht passt, ist ein Sophismus.

Vielschreiber. Er ist nicht tief, dafür produktiv.

Opus magnum. Er beendete sein Lebenswerk mit einer Magnum.

Holzweg. Ich bin auf dem richtigen Weg, sagte der Schriftsteller. Wenn es vielleicht nicht der richtige ist, so ist es ein guter! Seine Leser meinten, er sei ja schon längst angekommen. Seine Kritiker wollten es ihm nicht glauben. Er sei auf einem richtigen Holzweg, meinten sie.

Handwerk. Schriftstellerei ist das einzige Handwerk, das sich den Luxus erlauben kann, unfertige Produkte auf den Markt zu werfen. Weitere Ausnahme: die Fortpflanzung.

Bücherwald. Ob du in einem Kakteenwald, in einem sumpfigen Dschungel, in einem englischen Park oder in einem spröden Kiefernwald aufwachst, hängt von deiner Lektüre ab. Es ist nicht gleichgültig, welches Buch du gelesen hast, welchen Film du angesehen hast, welches Bild du betrachtet hast. Irgendwann geht die Saat auf.

Verwandlung. Die Bücher leben. In dir verwandeln sie - dich.

Fehler. Er strebte nach dem vollkommenen Werk. Am Ende seines Lebens erkannte er, dass er es erreicht hatte. Er hatte seine Fehler vervollkommnet.

Tertium non datur. Gefühle sind tausendfältig und im Wandel. Auch die Gefühle für andere Menschen. In einer Liebesbeziehung, in einer Partnerschaft soll dies aber nicht gelten. Hier soll die zweiwertige Logik gelten: *tertium non datur*. Entweder du liebst oder du liebst nicht.

Erbe. An der Kraft der Liebe (also auch an ihrer Irrationalität) kann man sehen, dass sie irgendwann einmal lebensnotwendig gewesen *war*.

Deplatziert. Der Hunger nach Nähe, das Warten, das Nichtschlafenkönnen…als drohte Lebensgefahr. Nichts wirkt deplatzierter als die Liebe zu einem Menschen in der Welt des Handelns. Denn hier zählt die Liebe zu bestimmten Zielen.

Deutschunterricht. Bücher, einst zur Erzeugung von Gefühlen und Gedanken im Geist eines anderen geschaffen, werden in der Hand des Lehrers zu Narkotika.

Garten. Wie soll ein Mensch den wild wuchernden Dschungel seiner Gefühle in einen englischen Garten umwandeln – ohne Rasenmäher und Gartenschere?

Werkzeug. Denken ist harte Arbeit. Du musst das glühende Magma deiner Existenz in Begriffsbehälter abfüllen, um es in feinere Wort-Formen zu gießen, es anschließend schmieden und polieren, damit ein brauchbares Werkzeug aus - dir wird.

Zugehörigkeit. Woher weiß das Gefühl, zu wem es gehört?

Gehorsam. Gefühle sind wie Hunde. Sie hören aufs Wort. Ein Moment der Unaufmerksamkeit und sie sind weg.

Blinde Gefühle. Axone und Dendriten wachsen „blind" und zielsicher zu dem Neuron ihrer Wahl. Mit den Gefühlen ist es ähnlich.

Grundkräfte. Im Universum „herrschen", „regieren" vier Grundkräfte, die die „Wechselwirkung" der „Materie" „steuern": Gravitation, elektromagnetische, schwache und starke (subatomare) Wechselwirkung. Wir beschreiben unser Gefühlsleben ähnlich, wenn wir unser Fühlen und Handeln durch *Grundkräfte* erklären wollen (Affekte, Emotionen: Liebe, Hass, Neid, Eifersucht, Wut, Ekel, Begierde, Trauer, Sehnsucht…).

Beziehungen. Es ist doch merkwürdig, dass Beziehungsformen das beherrschende Thema in der Physik (aber natürlich auch in allen anderen Naturwissenschaften) und im Alltags- und Liebesleben sind. Gibt es auch Neurosen in der (unbelebten) Natur?

Falscher Körper. Sie lächelte ihr Kleinmädchenlächeln, um zu gefallen und kein Ungemach zu erleiden. Leider steckte sie in einem Frauenkörper. Da gehören Gefallen und Ungemach erleiden oft zusammen.

Schneckenplage. Ihre Gefühle schlichen wie Schnecken auf ihm herum. Sie waren nicht nur langsam, sondern auch zäh. Nach wenigen Tagen war er entlaubt.

Sternzyklus der Gefühle. Wenn Gefühle erkalten, verwandeln sie sich in weiße Zwerge, bevor aus ihnen schwarze Löcher werden. Davor aber erscheinen sie als rote Riesen, ja, als Supernovae.

Füllhorn. Er schüttete das Füllhirn der Medusa auf die Erde.

Sprache. Er schulmeisterte die Sprache, bis sie sich ihm verschlug.

Menschen ereignen sich wie Unfälle. Da man sie nicht restlos aufklären kann, führt man sie wenigstens in Statistiken.

Das Ursprungsproblem, das Problem der Abstammung ist nicht restlos auflösbar, nicht nur wegen dem Münchhausen-Trilemma – dogmatischer Abbruch, Zirkel oder Regress –, sondern weil hier die Antworten einfach nicht praktisch wären.

Wissen ist nur nützlich, wenn es praktisch-technisch verwertbar ist. Einerseits. Andererseits erweist sich nur Wissen, das nicht um des Nutzens willen gesucht wird, als – nützlich.

Gibt es eine Alternative zum Münchhausen-Trilemma? Klar, die Entdeckung der – Wahrheit über den Ursprung von allem. Das ist natürlich nicht Gott. Gott ist nur ein Platzhalter, eine Variable für etwas anderes.

Ich muss den archimedischen Punkt aufspüren wie ein Hund den Knochen - den er vergraben hat.

Platons Idee: Im Geist selbst liegt schon die Wahrheit und – schläft.

Glückliche Kindheit. Ein neunjähriges Mädchen, Mutter taubstumm, Alkoholikerin, Vater arbeitslos, zwei Geschwister im Heim, zwei Stiefgeschwister (Kinder der Mutter aus erster Ehe) in einer Nervenklinik. Schenkte ihr Loftings Dr. Dolittle. Sie ist klug, lebensfroh und verdorben. Sie flirtet mit mir herum, als wollte sie ihre Kindheit überspringen. Sie sah ca. 20 Leichen auf dem Grund eines Kies-Sees. Sie machte mit ihrer Freundin einen verbotenen Badeausflug, verriet aber ihre Freundin bei deren Eltern aus Rache dafür, dass sie ihr schon oft den Freund wegschnappte, unter anderem einen

Typen, der sie vor einem Jahr überfallen, beraubt und vergewaltigt habe.

Wedding Tag 31.6.1995

Wenn einer das Sein als Anomalie sieht, dann erscheint ihm nichts als normal.

Der ästhetische, aber auch der quantentheoretische Standpunkt sieht die physische Welt nur als Erscheinung. Kann die Welt objektiv Erscheinung sein und sonst – nichts? Müsste dann nicht auch das Subjekt, dem die Welt erscheint, Erscheinung sein? Wäre dann am Ende nicht *alles* gleichermaßen real und sonst – nichts?

Die modernen Wissenschaften vom Menschen sind parallel zum Demokratieprozess entstanden. Als vorläufiges Resultat der Anthropologie steht die merkwürdige Entdeckung, dass alle Ideen, die dem Demokratieprozess zugrunde liegen, Illusionen sind: Freiheit, Bewusstsein, Vernunft, Moral…

Sollen wir daraus den Schluss ziehen, dass die Demokratie am Ende ist? Nein, nur dass die Wissenschaften eben noch nicht so weit sind. Es wäre fatal, alles auf die Ergebnisse zu setzen und nicht auf den Prozess. Der Prozess widerlegt die Ergebnisse.

Die Theorie ist gehandicapt. Sie hinkt ihrem Kind, der Praxis, immer hinterher.

Der theoretisch-abstrakteste Begriff der Philosophie – Praxis.

Man wird nur aus Not abergläubisch, wenn die geistigen Zusammenhänge schwinden. Glaube ist ein kognitiver Kurzschluss.

Hängt die Zukunft der Menschheit von meinen Argumenten ab? Nein. Dennoch habe ich das Gefühl, dass, wenn ich nicht die richtigen Argumente treffe, ich meine Menschlichkeit verfehle.

Die Vereinigung von Moral und Spontaneität ist eine Chimäre, denn du wirst deine späten moralischen Einsichten nicht mit derselben Intuition ausüben, wie das in den Kindertagen Gelernte. Du wirst dich in moralischen Dingen also öfter irren, jedenfalls häufig unsicher sein. Die Einsicht kann dir immer wieder entgleiten.

Ist es wirklich so, dass mir die Zukunft verbaut ist, weil ich keinen Zugang zur Vergangenheit habe?

Reduktionismus. Ein Organismus ist ein Werkzeug der Natur zur Nutzung von Energie. Ein Flugzeug besteht fast nur aus Sicherheitsvorkehrungen gegen einen möglichen Absturz.

Die Metaphern der Hoffnung gehören einer Zeit an, die vergangen ist, dennoch muss man mit ihnen seinen Alltag bestreiten.

Die Sprache der Liebe ist antiquiert, dennoch erzielt man mit ihr nicht so hohe Markt-Preise wie mit Antiquitäten.

Lichtenrade Nacht 1.7. 1995

Die Literatur muss gerade das entfalten, was im Alltag unausdrücklich gegenwärtig ist, selten Gestalt annimmt, Handlung wird. Dies Implizite ist möglicherweise das Wertvollste an der Erfahrung, das, was sie zu unsere Erfahrung macht, in dem wir uns wiedererkennen, das ohne diesen Rettungsversuch der Literatur verloren ginge. Vielleicht sind es unsere „geheimsten" Gefühle, Gedanken, Antriebe, Ziele, Ängste, Hoffnung, die aus den Gleichungen des Alltags herausfallen.

Vielleicht haben sogar die Theorie gewordenen, versteinerten Ideen, die den Wissenschaften zugrunde liegen, ihren Konvergenzpunkt in eben diesem geheimen, unaussprechlichen Parallel-Leben, das zugleich mit unserem bewussten Leben einhergeht. Ich meine nicht unbewusste Gedanken, Archetypen, ewige Ideen, sondern das, was in jedem Moment dem Bewusstsein gegenwärtig ist, ohne dass es *real* werden könnte.

Ein Gedanke, der ungedacht, ein Gefühl, das ungefühlt, eine Handlung, die ungetan bleibt, unabschätzbar viele Möglichkeiten, die nicht genutzt werden können, weil sie gerade nicht *passen*.

„Deine Nase passt mir nicht!" – „Glücklicherweise, es ist ja auch meine Nase!"

Das geheime Leben des Bewusstseins, das sich unter den Ablagerungen der individuellen Geschichte fortsetzt: unterdrückt, verschwiegen - vom Mangel an Zeit und Gelegenheit, an Scharfsinn und Aufmerksamkeit; von Zweifeln, Ängsten und falschen Sorgen kleingehalten…

Ich denke, das ist der Boden der Philosophie, der Literatur. Beide dienen nicht nur der „Rettung der Phänomene", sondern sie bewirken eine „Revolution der Denkungsart" (Kant). Und jede Revolution kehrt das Unterste zuoberst.

Nicht alles, was im Verborgenen liegt, ist sehenswert.

Vieles, was durch Konvention und Ritus unterdrückt wird, ist sicher hässlich. Es ist durch die Repression unansehnlich geworden…

Literatur ist, ihrem Sinn nach, gegen Plattitüden gerichtet, sie ist ein Feind der platten Vernunft, die das Leben einsargt. Sie klagt nicht an. Sie ist Anklage.

Dichtung macht dem Wunsch, das Leben als glücksfähig hochzurechnen, einen Strich durch die Rechnung.

Literatur ist das Gegenteil von Therapie. Deshalb heilsam.

Moral der Literatur: Du sollst dich nicht der offiziellen Wirklichkeit anbiedern!

Idee zu einer Geschichte: Psychischer Zusammenbruch. Selbstmordversuch. Klinikaufenthalt. Bekanntschaft mit einem psychotischen Italiener, gemeinsame Fluchtpläne. Bach, Goethe und Benn. Aufbruch nach Italien, allein, im Januar. Der Italiener will nachkommen.

Florenz, Rom.

Im Zug Deutsche und ein Schweizer, Zyniker, erzählt vom Selbstmord seiner Freundin.

Ziellose Wanderungen im Fieber, Neujahrsfeier in Florenz, Angstzustände, Erinnerungen: Kindheit, Vater.

Bekanntschaft mit einer Deutschen, die in Rom lebt. Einladung zum Bleiben. Hohes Fieber. Rückkehr nach Berlin.

Dann Flucht ins Kloster. Gespräch mit dem Physiker. Selbstmordversuch des Physikers.

Ostern Rückkehr. Ulli. Verzweifeltes Bemühen. Behindertenarbeit. Nachtwache.

Nur Antworten, zu denen auch eine Frage existiert. Nichts Überflüssiges. Traditionen, Kultur: Antworten, zu denen sich jeder seine eignen Fragen einfallen lassen muss.

Würde ich ein Buch schreiben: meine Tonlage wäre poetisch, still, tief und klar. Zwar nicht sentimental, aber doch die Grundantriebe anrührend.

Der Wunsch nach Einsamkeit und Liebe in jedem Kind.

Es werden gewisse moralische Forderungen nicht mehr erhoben, weil Psychologen und Pädagogen es „natürlich" finden, dass Kinder gewisse Unarten ausleben.

Dies unaussprechliche Verlangen nach irgendwas. Quälend, weil sprachlos, scheinbar unbestimmt. Wird das Unbestimmte durch Sprache bestimmter?

Das Missverhältnis zwischen dem subjektiven Wert eines Bewusstseinszustandes und seiner Unerkennbarkeit für andere. Du bist ein x-beliebiger Mensch unter x-beliebigen Menschen, die einander nur als x-beliebige Menschen-Körper *sehen*.

Du teilst deine Gedanken mit, sofern du irgendeine Form von Sprache für sie hast. Der ungesagte Rest - eine Fiktion?

Doch du weißt, es ist keine Fiktion. Das weißt du mit derselben Gewissheit, mit der du um deine Existenz weißt.

Was du siehst, wird Körper. Materie, Form, Schatten. Du siehst dich selbst nur als Körper.

Kann man Materie - sehen?

Man sieht nur Formen, Farben, Oberflächen. Die Welt der Bilder ist die Welt der Oberflächen und du – ein Teil davon?

Die Herrschaft der Bilder, die Suggestion von Filmen, das Trügerische der Oberfläche. Eine Philosophie der Moderne wäre eine der Allmacht der Bilder, des Scheins.

Religion ist – woran du halt machst.

Das Fatale am Rassismus ist nicht die Bevorzugung einer bestimmten Rasse – veraltete Kategorie! -, sondern die Illusion, den übermenschlichen Standpunkt des Lebens, der Natur, des Schicksals einnehmen zu können.

Der „Realismus" hat heute ein unlösbares Problem: sein Sujet ist verschwunden, er dient nicht mehr der Anklage, er hat kein Feuer mehr. Tausende von Kameras richten ihr totes Auge auf den Rest, der übrigbleibt. Die Alternative zum medialen „Realismus" ist die Poesie, die etwas zeigen kann, was kein Bild offenbart.

Wedding Tag 19.7.1995

Vielleicht war es ein Fehler, die Kinder mit Geschenken zu überhäufen, sie zum Kino einzuladen, ihnen Fahrräder zu versprechen. Sie holen sich, was sie können. Die Frage einer Erzieherin, ob ich ein „Verwandter" sei, verrät alles. Gehörst du nicht zur „Familie", bist du sofort verdächtig. Als ob die Gefahr für die Kinder nicht von den Verwandten ausginge, dem engsten Kreis der Familie! Dem Vater müsste man das Sorgerecht absprechen. Aber ich bin vielleicht ungerecht. Er will, auch in der größten Misere noch, sein Haupt oben tragen. Das ist sein gutes Recht. Aber seine eigentliche Macht besteht darin, seine Kinder dafür zu bestrafen, dass sie geboren wurden, und sie in sein enges Leben einzusperren. Hier hört sein gutes Recht auf.

Zwei Konsequenzen: entweder Darstellung von Zusammenhängen, Strukturen, und deren (ironische, zynische, humoristische) Destruktion. Formen entstehen und vergehen, aber lediglich im Bewusstsein. Hier würde sich die Ambivalenz zwischen Erkenntniswillen, Formbedürfnis, Ordnung, Moral einerseits und dem fiktionalen, provisorischen, spielerischen Charakter der Darstellung manifestieren.

Die andere Konsequenz: Das selbstbewusste, rechtfertigungslose Ich geht in der Praxis auf, verzichtet auf Selbsterhellung, Aufklärung, Sinn, Rechtfertigung. Die Praxis ist blind, Erkenntnis nur theoretisch. Entscheide dich!

Warum glaubst du eigentlich, dass der Nihilismus die Wurzel allen Übels ist, das gewöhnlich ja nicht als Übel angesehen wird: Glaube, Liebe Hoffnung?

Auch der Mörder glaubt („Meine Tat ist richtig!"), er liebt („Sie hat mich betrogen!"), er hofft („Ich werde nicht gefasst!"). Natürlich besteht sein Fehler darin, sich in allen drei Punkten zu irren, selbst wenn er Recht hätte.

Ich sehe etwas über die Ufer treten. Eine fundamentale Fehlsteuerung. Wann und unter welchen Bedingungen machten sich die seltsamen Eigenheiten des Meeresgottes zum ersten Mal bemerkbar?

Besteht ein Dualismus zwischen „Energie" und „Raum-Zeit"? Während nach dem Energieerhaltungssatz die energetische Gesamtmenge im Universum konstant ist, expandieren Raum und Zeit. Der Raum expandiert: das kann man sehen. Was aber ist Zeit? Na, eben die Expansion des Raumes. Ist die Raum-Zeit eine Form von Energie? Die „Singularität" zu behaupten, hieße, eine Energie zu postulieren, die sich durch Raum- und Zeitlosigkeit auszeichnet, die aber weder mit der Ewigkeit noch der Zeitlichkeit, weder mit dem Endlichen noch mit dem Unendlichen identisch wäre. Diese Energie hätte ja keine Form, sie wäre völlig unbestimmt. Der idiotische Versuch, diese postulierte Energie mit Gott zu identifizieren, würde implizieren, dass er erst in seiner eignen kosmischen Geschichte zu sich selbst käme – in uns. Wir wären dann Gottes Denken, Wollen und Fühlen, Gottes Form. Es gibt sogar Leute, die das glauben. Einer von denen starb sogar an der Cholera in Berlin.

1996

Lichtenrade Nacht 11.2.1996

Enttäuschte Hoffnungen, unaufhörlich in die Irre gegangene Gefühle, fauler Zauber.

Lichtenrade Nacht 5.6.1996

Geträumt: Bruno Ganz ist krank geworden. Teilte mir seine Tochter oder Schwester mit. Ich brach in Tränen aus, schrie in den Hof hinaus. Gemeinsam mit einer anderen Frau kümmerte sie sich um mich, musste dann fort.

Sitze mit Bruno Ganz und einem Schriftsteller, die alte Gedichte, Erzählungen von mir ausgegraben haben, in einer großen Halle oder in einem Garten. Ich wundere mich, dass B.G. so gesund wirkt. Sie loben meine literarischen Versuche. Ich fange an, ein Gedicht, das ihnen besonders gefällt, völlig zu verreißen, weil es antiquiert sei. Sie meinen, es käme nur auf die Wahrhaftigkeit an.

Mein Verlangen nach Liebe, Mitgefühl, Anerkennung findet im Leben keinen Ausdruck mehr.

1997

Lichtenrade Tag 6.5. 1997

Träumte von Samuel Beckett und der Verfilmung seiner Bücher. Hatte Angst, auch nur einen Film zu verpassen. S.B. spielte selbst mit. Alles grau in grau. Alles ästhetisch stilisiert, karg, öd, leer, die Welt nach der Welt.

Sah gestern den irrwitzigen Film „Tagebuch eines Verführers", in dem Kierkegaards Buch eine zentrale Rolle, das Agens spielte. Eigentlich eine blöde Idee, aber wunderbare, typisch französische Dialoge, nüchterne, rationale Extrovertiertheit und Überspanntheit.

Der Irrealismus im französischen Film, in dem Liebe als tragische Suche nach dem Lebenssinn überhöht wird.

Die Akzeptanz der Irrationalität der höchsten Macht ist Zeichen von Nüchternheit.

Die ständige Koketterie mit „Gott" als denkbarem Ausweg aus dem existentiellen Dilemma. Ein Spiel mit dem Absurden – gegen die Abgeschmacktheit eines kruden Materialismus, der natürlich die

Wahrheit ist. („Aber die Wahrheit ist nicht alles!" Nietzsche)

Wenn die Ernüchterten die Unmöglichkeit der Lösung der Lebensprobleme anerkennen, aber nicht aufgeben, weil sie in diese Probleme verliebt sind, scheitern sie zwar, aber auf eine schöne, poetische Weise.

Der „ursprüngliche" Mensch ist ebenso eine philosophische Konstruktion, wie beispielsweise der erste Weltkrieg eine kulturelle Konstruktion war. Die Reduktion des Menschen im Krieg auf die „nackte Existenz" ist ja eine kulturelle Fiktion, etwas Gemachtes. Es gibt in der Zeit keine Möglichkeit, an den Anfang zurückzukehren, zu einem anthropologischen Prinzip, zu einem Nullpunkt, einem Apriori. Die „natürliche", „nackte", „ursprüngliche" Existenz ist immer ein künstlicher, gemachter, manche sagen auch: ein verlogener Zustand. Letzteres ist aber falsch.

Ein Zustand, in dem der Mensch nicht aufgrund seiner Klugheit und List, seines Mitgefühls und seiner Fantasie, sondern nur aufgrund eines puren Zufalls überlebt, ist kaum der natürliche menschliche Zustand.

Denn der dem Menschen natürliche Weltzusammenhang ist immer ein kultureller, immer geprägt von Kunst, Technik, Sprache.

Heidegger reduziert Nietzsche auf die imaginäre Erfahrung des Krieges, die beide nicht hatten (Nietzsche gleich zu Anfang 1870/71 verwundet). Ein Hitler hatte sie aber wohl und nahm sich an den Erfahrungen in den Kriegs-Gräben einen Maßstab für die Neugestaltung Europas zu einem - Massen-Grab.

Nietzsches Anthropologie ist subtiler und lässt bei aller Härte dem Individuum die Freiheit, sich zu seinem Schicksal zu verhalten. Sein Ja oder Nein zählt, auch wenn das Fatum zufällig, zufallend – eben eine Herausforderung ist. Der Zufall als Herausforderung. Im nicht gesuchten, im nicht gewollten Leben erweist sich gerade die Antwort des Individuums auf die Fragen des Zufalls (Sphinx!) als Prüfstein seiner „Potenz", seiner Lebensfähigkeit.

Ich lese Nietzsche in zwei Richtungen: Wer sich selbst bestimmen (=befehlen) kann, der bringt auch die Kraft auf, sich zu wollen, sich zu bejahen. Seine Moral leitet sich aus seinen Fähigkeiten ab – er soll, denn er kann (gegen Kant). Das neue Sollen bringt Fähigkeiten allererst hervor, die zuvor unterdrückt waren – er kann, denn er soll (für Kant). Der pädagogische Zirkel von Wollen und Sollen.

Der NS ist die Verallgemeinerung des Krieges aus der Sicht eines Idioten.

Der Frieden ist aus der Perspektive des Krieges entweder wünschenswert oder illusorisch. Der sanfte, mitfühlende Charles Darwin zog aus seinen Naturbeobachtungen den Schluss, dass in der Natur wohl immer Krieg herrsche. Auch Sigmund Freud leugnet nicht den kriegerischen Charakter des Menschen. Sein „Gegengift" – der Eros, die Libido – ist dabei ja oft genug nur Motor und Brandbeschleuniger trotz Sublimierung – was hatte das 19. Jahrhundert nicht alles sublimiert, bevor es in den Krieg taumelte, beseelt von Vaterlands*liebe*! Beide Männer sind aber in einer Welt erwachsen geworden, in der der Krieg als schreckliche, aber unvermeidliche Lebensform galt. Allein die klassisch-humanistische Bildung nahm den Krieg als Normalform menschlicher Existenz hin. Daher konnte man sich nichts Wirkliches unter einer friedlichen Menschheit vorstellen. Man dachte an Schäfer-Idylle und Schafsfrieden. Von der hohen Warte des Schrecklichen aus sieht der Frieden nur mickrig aus. Auch Kant fand dafür ja nur – in seiner Schrift zum ewigen Frieden – hämische Worte. Also bleibt aus der

Sicht dieser alten (und toten) Männer der Frieden illusorisch. Und wünschenswert? Damals glaubten viele, dass eben der Kindertraum, dass alle Wünsche in Erfüllung gehen, nur ein Traum sei. Aber der Frieden in Europa ist Realität – von erwachsenen Männern und Frauen geschaffen! Und wer *erhält* den Frieden, wenn der Krieg vergessen ist? Die Schafe oder die Wölfe?

Wenn ich jetzt in der U-Bahn mir all die jungen Männer anschaue, von denen wollen die meisten auch lieber Jäger oder Wölfe sein. Jedenfalls keine Schafe. Sie sind schon so brutalisiert und abgestumpft, dass eigentlich nur der Zusammenbruch der Institutionen fehlt, und sie würden so richtig aus sich herauskommen. Daher sind demokratisch-menschenrechtsbasierte Institutionen, auch wenn sie im Einzelnen kontraintuitiv und „maschinell" vorgehen, besser als alle nur auf zufällige Vernunft und Empathie gestützten Vorhaben. Wenn man weiß, wie es im NS oder in der DDR zuging, dann weiß man, dass nicht die Systeme schuld an den Verbrechen waren, sondern die Menschen, die sich dieser Systeme bedient haben. Es sind die gleichen Menschen, die durch demokratische Institutionen „brav" gehalten werden (wenn die Anreize stimmen!). Daher *brauchen* wir starke (und zugleich liberale) Institutionen. Aber das ist kein Grund zur Fröhlichkeit.

Die Leute, die in einer Gesellschaft von Egoisten egoistisch handeln, widersprechen sich nicht, sondern handeln (pragmatisch) richtig. Aber wehe, sie machen Bekanntschaft mit der Liebe! Dann handeln sie nur noch falsch.

Doch welche Gefühle liegen dem Egoismus zugrunde? Die disparatesten. Bei wem findet sich die Einheit von Denken, Fühle und Handeln?

Du denkst skeptisch, fühlst mal dies, mal das, versuchst vernünftig zu handeln, handelst aber nicht aus einem erkennbaren Prinzip, sondern aus deinem Charakter, der zudem auch noch gewissen Schwankungen unterliegt. Ohne dass du egoistisch fühlst, handelst du doch nur reduziert auf deine eigenen Belange. Das ist dann das, was von der Vernunft übrig bleibt.

Erdrückt von der Wucht der Wortlosigkeit angesichts meines peinlichen Daseins ließ ich mich jahrelang entmutigen und von meinem Entschluss abbringen, meine Existenz schreibend zu meistern. Daher der Versuch, an den Ursprung der Entscheidung zurückzukehren und sie umzukehren. Damals hatte ich mich gegen die „Integration" in diese Gesellschaft entschieden, wurde ein Schul- und Ausbildungsverweigerer. Inspiriert von der nihilistisch-pessimistischen Literatur und Philosophie, manövrierte ich mich ins soziale Abseits. Nun will ich mit dreißig Jahren mein Abitur nachholen. Eigentlich lächerlich. Ich stelle mir vor, ich würde das Abitur nachholen, studieren, Lehrer werden…Lächerlich! Wie habe ich die Schule gehasst, die Lehrer verachtet! Und nun erscheint mir das als Ausweg aus meiner ausweglosen Lage?

Das Opfer kehrt an den Ort des Verbrechens zurück – als Täter.

Das Gefühl des Versagens geht weniger darauf zurück, dass ich im regulären Bildungslauf gestolpert bin, sondern dass ich nicht den Mut hatte, schriftstellerisch etwas zu leisten. Ich ahne, dass ich erst nach meiner „sozialen Rehabilitation" dazu in der Lage sein werde. Bloß worauf blicke ich dann, in zehn, fünfzehn Jahren zurück?

War ich nicht ehrgeizig, nicht „willensstark" genug? Nein, es war meine philosophische Skepsis, die jede „Totalität" ausschließt, auch die subjektive Idee eines eignen Ziels, das Vorrang vor allen anderen genießt.

Zum Bürgerlichen fehlt mir die Herkunft, zum Poeten fehlt mir die Fähigkeit, mich auf das Hier und Jetzt einzulassen, meine Wirklichkeit, mein Denken wichtig genug zu nehmen. Mir ist das Dasein zu flüchtig und zu bedeutungslos, um es kunstvoll in Sprache zu hämmern. Es wäre dann nicht mehr flüchtig, vielleicht bekäme es sogar „Bedeutung". Aber es wäre nicht mehr „dasselbe" (Heraklit).

Ich hatte das Urteil meiner Umwelt über mich akzeptiert, das war mein Fehler.

Lichtenrade Tag 7.5. 1997

Warum *schämt* man sich seines Unglücklich-Seins? Weil man etwas nicht kann, was man können sollte, weil man schlechter abschneidet als die anderen? Es ist die Scham des Prüfungskandidaten, der durch die Prüfung gefallen ist. Es ist das Gefühl eines selbstverschuldeten Nichtdazugehörens. Es ist das Gefühl des Ausgeschlossen-Seins von der Examensfeier. Während die anderen ihren Erfolg feiern, rutschst du die Erfolgsleiter immer weiter hinunter. Das Gefühl des Unglücklich-Seins ist tatsächlich das genaue Abbild eines Scheiterns, eines Misserfolgs. Es hat bei dir einfach nicht gereicht, du bist nicht fähig, nicht klug, nicht gut genug, um auch nur das Einfachste zu können – doch du bist nicht wütend auf die Erfolgreichen, sondern auf dich. Du bist nicht wütend auf diejenigen, die du für dein Versagen insgeheim doch verantwortlich machst, sondern auf dich. Dabei war es nicht einmal eine Frage des Glücks, auch darauf kannst du dich nicht berufen. Du bist in einer Sache gescheitert, die einfach dazu gehört, wenn du als Mensch in dieser Gesellschaft etwas gelten willst. Denn man wird nun immer an deinem Charakter zweifeln, an deiner Fähigkeit zum Denken, Fühlen und Handeln. Da bleibt einem ja nur die Ausflucht in den Tod oder in die Literatur. (Die Religion scheidet aus Gründen der Wahrhaftigkeit aus). Was auch immer du in Zukunft tun wirst, dieser Makel wird dir bleiben.

Wer sich seinen Misserfolg nicht verzeiht, wird sich auch noch seines Erfolgs schämen.

Das Repertoire der Vorwürfe ist überschaubar: faul, verlogen, dumm. Es ist einfach, sie jemandem an den Kopf zu werfen, denn meist hat man damit Recht. Auch wenn einer sich durch Anpassung in seinem sozialen Erfolg unangreifbar macht, innerlich erzittert er. Ein Fehltritt, es ist nicht wieder gutzumachen.

Gödels Theorem macht jede Hoffnung zunichte, dass jemals eine perfekte Prognose oder Erklärung eines Phänomens möglich sein könnte. Was bedeutet das? Dass wir kein Wissen haben können? Nein, dass wir keine absolute Gewissheit haben können. Nur Vermutungs- und wahrscheinliches Wissen. Das ist nicht weiter schlimm, nur für diejenigen, die nach totaler Sicherheit streben. Aber wie gesund ist ein solches Verlangen?

Was motiviert mich? Das Streben nach Liebe. Aber nicht nach irgendeiner beliebigen Form von Liebe, sondern nach der Anerkennung (m)einer besonderen Weise, in der Welt zu sein. Diese drückt sich in der Art des Liebens und des Geliebt-Werdens aus.

Einen Wert erhält ein Mensch – jedenfalls als Kind, später wird das nicht mehr so wichtig, da ist der Hunger nach Liebe infantil - nur durch die Liebe eines anderen Menschen. Wer sie sich von Gott erhofft, erschwindelt sich seinen Wert, denn es ist eine fiktive Liebe.

Eine Sache zu kennen, heißt sie nach einem Rezept herstellen zu können. Ein Rezept ist ein System von Regeln, deren Befolgung zum gewünschten Erfolg führt. Der Erfolglose kennt eben die Regeln nicht oder wendet sie nicht richtig an.

Aber lassen sich alle möglichen Folgerungen aus den Regeln ableiten? Und für welche Folgerungen entscheidest du dich, wenn die Regeln dir eine Entscheidung abverlangen? Es gibt keine Meta-Regel, nach der du die Zweifelsfälle beim Anwenden von Regeln zweifelsfrei behandeln kannst. In Bezug auf dein Leben ist es noch trüber: Es gibt keine Regeln, nach denen du - du selbst sein kannst.

Im Grunde gibt es nur eine Ethik der Erkenntnis. Ohne Erkenntnis ist alle Ethik ein Zufalls-Wurf.

Du musst dein eignes Ethos finden, nein erfinden: die Lebensform, die zu dir passt.

Doch wie und was erkennen? Schau dir doch die Psychologie an: der Mensch entzieht sich der Selbsterkenntnis! Wie sollte er da seine Lebensform finden? Beweist nicht die Kulturgeschichte, dass es keine wirklich passende Lebensform gibt? Der Mensch erfindet sich das „Immer-schon!" seiner zufälligen Metamorphosen.

Und: Der Erkenntnis entspricht das Experiment. Doch dem Experiment mit sich selbst sind Grenzen gesetzt. Aber viele argumentieren doch so: sie wollen etwas ausprobieren, sie lassen sich auf alles Mögliche ein, um zu erfahren, wie es sich anfühlt, wie es schmeckt und wirkt (Sex, Mode, Drogen, Verbrechen, Psycho-Tricks, Beziehungen, Berufe, Lebens- oder Musik- oder Politikstile, Grenzen der

Moral…), steigen dann aus oder um, je nachdem, ob sie dann noch können oder wollen. Sie experimentieren ein bisschen herum und eh sie sich's versehen sitzen sie in irgendeiner Falle fest. Vielleicht erging es mir ja ähnlich, vielleicht habe ich auch nur mit ein paar Gedanken experimentiert. Nun sitze ich in der Falle und findet keinen Ausweg.

Er experimentierte ein bisschen mit den zehn Geboten herum. Am Mord fand er dann Gefallen (am Diebstahl, am Ehebruch, am Lügen oder am Verkünden des Todes Gottes.)

Mir kam die Experimentiersucht meiner Altersgenossen immer idiotisch vor, als wüsste ich schon um das Ergebnis: beispielsweise im Fall von Drogen. Hat mich nie interessiert. Ich erinnere mich an ein Gespräch über die angeblich bewusstseinserweiternde Macht bestimmter Rauschmittel. Ich hielt das für einen Schwindel, weil ein Bewusstsein ja immer Bewusstsein eines Subjekts ist und weil ich glaube, dass ich *mein* Bewusstsein nur durch Wissen erweitern kann und nicht durch – Selbstauflösung im Rausch.

Gibt es einen Ausweg aus der Sprache? Er sprach so lange, bis er den Ausweg endlich gefunden zu haben glaubte. Man glaubte ihm nicht. Hätte er schweigen sollen? Es wäre ein sehr geschwätziges Schweigen gewesen.

Gibt es einen Ausweg aus der Geschichte? Seine Versuche, die Geschichte zu beenden, fügten den Geschichtsbüchern nur weitere – besonders blutige - Seiten hinzu.

Wenn B. Russel sagt, er habe die Typentheorie oder die Theorie der Beschreibung *entdeckt*, dann drückt sich darin nur sein Glaube an die objektive Realität der Logik aus, die so real ist wie Berge, Flusspferde und Pferdewetten.

Die Wahrheit wird traditioneller Weise entdeckt, nicht erfunden oder konstruiert. Dadurch unterscheidet sie sich von der Lüge.

Wie kam es zu dem modernen Glauben, dass man nur das erkennen kann, was man auch herstellen (konstruieren) kann? Denke ich beispielsweise an Günther Anders' These aus der „Antiquiertheit des Menschen", *wir können mehr herstellen, als wir uns vorstellen*, dann liegt ein Widerstreit vor: Wir können nicht erkennen, was wir tun! Und wir behaupten doch, nur das zu erkennen, was wir selber tun!

Die antiken Ideen sind klarer, einfacher. Die Welt des von Natur aus Seienden ist ewig, aber wandelbar, es ist ungeschaffen und unvergänglich. Und wir können dieses Sein auch erkennen. Dazu bedienen wir uns unserer menschlichen Werkzeuge; die aber sind unabdingbar, um die Welt zu erkennen, wie sie ist. „Was macht die Welt?" – „Sie nutzt sich ab in ihrem Lauf!" (Shakespeare).

Familien sind wie Abschnitte eines größeren Textes –Textum = Gewebe -, der ohne Anfang und ohne Ende diese Erde überzieht. Familienmuster kann man mit Satzbauplänen vergleichen, ihre Mitglieder mit Satzarten, Satzformen und mit ihren Gliedern (Satzglieder oder Gliedsätze). So gibt es Familien, die aus lauter Hauptsätzen bestehen, jedes Mitglied hat sein eigenes Subjekt, Prädikat, einige haben Ergänzungen (Objekte), andere darüber hinaus Angaben (Adverbialien oder Attribute); bei anderen fehlt etwas oder ist gar nicht nötig, beispielsweise das Objekt („Johannes schläft!"). Aber jeder Satz hat sein eigenes Zentrum. Dann gibt es Familien, die bestehen aus nur einem Hauptsatz mit ganz vielen abhängigen Nebensätzen. Diese Satzgefüge zentrieren sich um ein zentrales Subjekt, ein zentrales Prädikat. Alle anderen Gliedsätze, auch alle Angaben und Ergänzungen hängen von der zentralen Aussage ab. Die ganze semantische Last eines solchen komplexen Satzes konzentriert sich auf nur einen Hauptsatz. Es gibt Textabschnitte, die durch Konjunktionen, Anaphern und Epiphern, durch semantische Rekurrenzen („roter Faden") ihre einzelnen Teile eng aneinander binden. Dann gibt es wieder solche, in denen jeder einzelne Satz – unzusammenhängend, lose - ein eigenes, neues Thema anspricht. Es gibt Familien, die nur aus Fragesätzen bestehen, aus Imperativen oder Aussagesätzen. Kann es denkbar sein, dass sich in deinem Stil deine Familiengeschichte widerspiegelt? Sollte man dann von einer Analogie, einer Metapher reden oder zeigte sich dann ein „tieferer" Zusammenhang zwischen Sprache und Leben?

Der moderne Roman hat das Leben wahrscheinlich stark beeinflusst, genauso wie es Filme tun. Man ist versucht, sich die eigne Geschichte als Skript vorzustellen, beschreibt die eignen Familien- und Liebesgeschichten analog zu Romanen oder Serien. Bis ins 18. und 19. Jahrhundert hatte die Bibel diesen Stellenwert. Die Bibel ist eine Anthologie merkwürdiger, sehr unwahrscheinlicher, aber gut erzählter Geschichten. Zu kurz kommen in den modernen Erzählungen meist die Bildungs- und Berufsbiografien, als wären sie kein zentraler Teil unserer Lebensgeschichte. Die Gegenbeispiele - Anwälte, Polizisten, Ärzte, Lehrer bei der Arbeit - sind selten realistisch.

Der Abstand zwischen zwei Menschen, Gedanken, Bewusstseinszuständen, Entscheidungen, ja, vielleicht sogar zwischen zwei Kulturen, Epochen, Moralen oder Gesellschaften ist theoretisch die Menge an Schritten, die zu seiner Überwindung getan werden müssten. Je nachdem, ob man - wie in Zenons Paradox von Achill und der Schildkröte – glaubt, dass jeder Schritt wieder in unendliche Teilschritte zerfällt, die man alle nacheinander bewältigen muss, so dass man eigentlich gar nicht von der Stelle kommt; oder ob man geneigt ist, über die Unendlichkeit hinweg zu hüpfen, zu springen, mutig, entschlossen, blind…, wird man den Abstand als Abgrund oder (überwindbares) Hindernis ansehen. Die Physik gibt Parmenides und Zenon nur zum Teil Recht (Naturgesetze!), aber Bewegung, Veränderung sind im realen Universum möglich: Die Physik kann erklären, dass es im Universum keine unüberbrückbaren Abgründe gibt. Die Unendlichkeit ist rechnerisch bewältigt. Die demokratisch-liberalen Gesellschaften haben sich ebenfalls für die zweite Variante entschieden, sie glauben nicht an die unendliche Differenz, sondern an die Politik der kleinen – Sprünge. Es sind sportliche Gesellschaften, in denen man natürlich auf der Strecke bleibt, wenn man nicht dauernd läuft, springt, hüpft…Wie äußert sich das? Zum Teil in einem dauernden Diskurs, Streit, Dialog, „Meinungsaustauch" mit dem Zweck, die Differenzen klein zu halten. Zum Teil im Ausschluss andere Laufstile (Kriechen, Kreisgänge, Auf-der-Stelle-Treten, Rückwärtsgehen,...). Ausgeschlossen sind natürlich auch Schein-Laufen (Betrug) und Ermordung der Mit-Hüpfer. Jedenfalls haben die demokratisch-liberalen Gesellschaften noch keine befriedigende Lösung für die, die auf der Strecke bleiben. Die könnten auf den Gedanken kommen, neue Regeln einzuführen (man denke an den *schlechten Verlierer* Hitler!).

Man sollte also in unserer Gesellschaft nicht nur lernen, wie man gewinnt. Sondern – wenn wir diese Gesellschaft bewahren wollen – wie man verliert.

Apropos Sport: Da fände ich mich auch schnell auf der – Verliererseite wieder! Daher fing ich wohl mit dem Laufen (Joggen) an...

Wenn Partner sich ständig streiten, kann einer gehen, wenn es ihm reicht. In einer („Medien"-) Gesellschaft, in der ständig gestritten wird, schaltet man einfach den Fernseher aus.

TRAUM:

In Italien bemalte ich abschnittweise die Straßen neu, so dass ich neue Wege erfand. Ich kam dabei an einer Sitzung von Italienisch-Lernenden vorbei, die gerade den Kurs beendeten, aufbrachen und auf die Straße hinausströmten – viele Frauen, ein paar Männer, alle jung, die berieten, was man im Anschluss gemeinsam noch tun könne.

Die einen wollten mir nacheifern und neue Wege malen. Sie verlangten vom Sprachlehrer die gleichen Materialien zum Malen wie die, die ich benutzte. Andere schrien laut, eine besonders: „Party!"

Ich bin mit einem Fremden, der eine verblüffende Ähnlichkeit mit einem alten Freund hat, auf hoher und stürmischer See unterwegs. Wir drohen Schiffbruch zu erleiden. Ich eile schnell nachhause, hole ein Rad und will trockene Sachen für den vermeintlichen Freund in einen Rucksack packen. Doch ich weiß nicht, ob er noch lebt. Und ob ich das Schiff werde wieder einholen können. Es vergehen Stunden, vielleicht auch Tage, bis ich aufbreche. Da stelle ich verärgert fest, dass der Rucksack stört. Einem Unbekannten gegenüber beklage ich mich. Ich verweigere die Weiterfahrt. „Den hole ich eh nicht mehr ein!", sage ich. Plötzlich kommt der vermisste Freund die Straße herunter, mit seinem eignen Rucksack. Wir umarmen uns. Wir sitzen an einem Tisch, er liest ein Buch, das ich ihm empfohlen hatte. Er ist mürrisch und schweigsam. Ich erinnere mich an meinen alten Freund, der öfter schlecht gelaunt, aber nie böse war. In der Gruppe von Italienisch-Lernenden treffe ich A., die von U. erzählt. U. kommt mit einer MG und führt eine Hinrichtung durch. Besonders blutig waren seine MG-Salven auf die Köpfe der Verurteilten. Wir sollten wegschauen, sagte ein Offizier.

Der sonst immer so friedfertige U. war in seinem Element, er lud noch oft nach, schoss blind und überflüssig auf die Toten, drückte auch dann noch den Abzugshahn, als das Magazin leer war. A. machte ihm eine Szene und ging nachhause. U. nahm sich ein Beil und folgte ihr. Ich bereute es, ihm nicht nachgegangen zu sein, ihn nicht zurückgehalten zu haben. Es geschah nichts. U. weinte sich bei ihm aus. U. kam in psychiatrischen Gewahrsam.

„Er ist Amok gelaufen, weil er keine Zukunft hatte.", erklärte ich A.

Man muss nicht immer gleich sein ganzes Leben umstürzen wollen, wenn es einem schlecht geht. Es reicht manchmal auch eine kleine Operation.

Wenn ich mich selbst zu etwas zwinge, dann bin ich schnell sehr unduldsam mit mir. Ungeduldig bis zum Jähzorn. Im Prinzip richtet sich die Gewalt meines Willens gegen meine Neigung. Wodurch übt mein Wille Gewalt gegen mich aus? Durch Gedanken, die nicht meine eignen sind. Der Wille, der sich gegen mich wendet, ist scheinbar ein fremder Wille. Er muss schon sehr alt sein, jedenfalls hat er sich in mir eingenistet und benimmt sich so, als wäre er in mir zuhause. Er kommt mir immer in die Quere und ich werde zu einem Haus-Tyrannen, tobe, brülle, will ihn rausschmeißen. Schließlich bin ich ja hier der Hauptmieter (denke ich!). Es ist als wäre meine Wut das einzige, was ich gegen ihn in der Hand habe. Ist es Hass? Hasse ich diesen fremden, nun schon so vertrauten Feind? Hass hat die Vernichtung des Gegners zum Ziel, Wut dagegen ist nur ein Aufbäumen gegen eine Übermacht, die ich heimlich anerkenne. Da liegt das Problem. Ich rase in blinder Konsequenz, übervoll von glasklarer Wut, bereit, mit der Welt zu brechen, aber diese Wut kommt niemals an ihr Ziel, als wollte sie diesen fremden Willen schonen. Bereit, den Kosmos in den Abgrund meiner Wut zu schleudern, unterwerfe ich mich, kurz vor dem Ziel, diesem Fremden, der ich selbst bin.

Manchmal glaube ich, dieser mein eigener, mir aber fremde Wille hat Gewalt über mein Fühlen, Denken und Handeln und steuert untergründig mein ganzes Leben. Blicke ich zurück auf die Schlachtfelder meines Lebens sehe ich viel Gewalt, Wut und Zerstörung. Aber Hass sehe ich merkwürdigerweise nicht. Ich wünschte dann, einen Ort im Leben zu finden, an dem der fremde Wille, der mein eigener ist, mich nicht findet, an dem ich ohne Wut leben kann.

Ich schrecke vor meinen Sätzen zurück als führten sie zu meiner Verurteilung.

Wenn ich sage, was ich denke, erreiche ich oft das Gegenteil von dem, was ich will.

Es kommt darauf an, das Gute im (eignen und fremden) Leben zu retten.

Was aber ist das Gute? Woran erkennst du es?

Ist es der *gute* Wille, die *gute* Tat oder sind es die *guten* Folgen. Das *gute* Leben? Aber *diese* Fragen sind zirkulär, setzen voraus, dass du weißt, was das „Gute" ist.

Sie zeigen nur, dass du **die** Frage immer noch nicht verstanden hast. Vielleicht hast du sie noch gar nicht entdeckt.